福 寛美

ぐすく造営のおもろ

―立ち上がる琉球世界―

新典社新書 65

目　次

はじめに

『おもろさうし』はおもろと称する神歌を集成し、一六二三年に成立した琉球王国第二尚王統の官撰おもろ集です。簡単な漢字と平かなを用いて表記された『おもろさうし』のおもろの内容は多岐にわたっています。そして個々のおもろは難解な場合も多いです。

例えば、次のようなおもろが巻五にあります。本書で引用するおもろ本文は岩波文庫版『おもろさうし上・下』に拠《よ》ります。[1] ただし、私に校訂を施した部分もあります。カッコ内はおもろの私見による大意で／は改行箇所です。

巻五 - 二八〇

一おぎやか思《も》いが　おこのみ／地離《ぢはな》れは　揃《そろ》へて／歓《あま》ゑの門《ぢやう》は　げらへて

十百末《ともゝすへ》ぎやめも／おぎやか思《も》いしよ／末《するゑ》　勝《まさ》て　ちよわれ

又按司襲《あぢおそ》いが　おこのみ／又大君《きみ》は　崇《たか》べて／又をなり君《きみ》　崇《たか》べて
又けさよりも　勝《まさ》り／又昔《むか》よりむ　勝《まさ》り／又精《するゑ》の王《わう》やれば
（尚真《しょうしん》王様の、国王様のお考えで離島を統一して、大君神女様を崇敬して、おなり〈姉妹神〉神女様を崇敬して、けさ〈昔〉より勝り、昔より勝り、すえの王であるから、〈首里城の〉歓会門《かんかいもん》を造営して、千年末まで尚真王様こそ行末勝れてましませ。）

このおもろは実際の歌唱の場では次のように対語対句を繰り返して謡われていた、と推定されます。

一おぎやか思いが　おこのみ／地離れは　揃へて／歓ゑの門は　げらへて
十百末ぎやめも／おぎやか思いしよ／末　勝て　ちよわれ
又按司襲いが　おこのみ／地離れは　揃へて／歓ゑの門は　げらへて
十百末ぎやめも／おぎやか思いしよ／末　勝て　ちよわれ

又大君は　崇べて／地離れは　揃へて／歓ゑの門は　げらへて
　十百末ぎやめも／おぎやか思いしよ／末　勝て　ちよわれ
又をなり君　崇べて／地離れは　揃へて／歓ゑの門は　げらへて
　十百末ぎやめも／おぎやか思いしよ／末　勝て　ちよわれ
又けさよりも　勝り／地離れは　揃へて／歓ゑの門は　げらへて
　十百末ぎやめも／おぎやか思いしよ／末　勝て　ちよわれ
又昔よりむ　勝り／地離れは　揃へて／歓ゑの門は　げらへて
　十百末ぎやめも／おぎやか思いしよ／末　勝て　ちよわれ
又精の王やれば／地離れは　揃へて／歓ゑの門は　げらへて
　十百末ぎやめも／おぎやか思いしよ／末　勝て　ちよわれ

この長くて冗漫《じょうまん》なおもろはある時期に筆録され、一と又の記号を用いて整序された形で『おもろさうし』に記されました。おもろをいかに解読するかについて、詳しくは島村

首里城の歓会門（首里城公園管理センター）

首里城（首里城公園管理センター）

幸一氏の『『おもろさうし』と琉球文学』ほかで論じられています。[2]
おもろは対語対句が多い歌謡です。このおもろでは次のような対が形成されています。
なお最終節は対を持ちません。

「おぎやか思い」（実在の第二尚氏第三代の尚真王）／「按司襲い」（按司様、按司は男性支配者で地方の権力者のほか国王の呼称にもなる）
「大君」（王の身内である王族の高級神女）／「をなり君」（「おなり」は兄弟である「ゑけり」から姉妹を呼ぶ言葉、王の身内の王族の神女を広い意味で「おなり」ととらえる）
「けさ」（昔）／「昔」（昔）
「精の王」（対なし）

この巻五―二八〇のおもろでは尚真王のお考え、離島の統一、歓会門の造営、王に対する千年末（永遠）の祝福、尚真王の行末の繁栄への言祝《ことほ》ぎ、王を霊的に守護する姉妹（おなり）神である大君、こと王族の神女への崇敬、昔よりも勝れた状態、「するゑの王」である国王、を謡っています。「するゑ」は『おもろさうし』の中で霊力のスへ・スヱを意味するほか、未来を意味することもあります。このおもろでは過去（昔）よりも勝れた未来（末）を担う王と尚真王を讃えている、とも考えられますし、美称辞的な意味で霊力ある王と謡っている、とも考えられます。

すなわち二八〇では、尚真王の現実の事績である宮古諸島はじめ離島の統一と首里城の門の造営という土木工事、そして神女の霊威と未来への祝福、という宗教的要素がともに謡われています。このようなおもろのあり方もまた、おもろへの理解を難しくしています。

ところで二八〇には「歓会門を造営する」という意の詞句があります。この「〇〇を造営する」という詞句はおもろ世界に多数存在しています。筆者はその中のぐすくを造営するおもろ群に注目しています。ぐすくとは、南西諸島各地に点在する石垣をもった建造物です。ぐすくの成立については謎が多く、原初のぐすくは祭祀空間とも貴人の墓所ともいわれています。やがて巨大化したぐすくは、按司（あじ、あんじ）と称される有力な男性支配者の支配拠点となっていきます。その中で最大のぐすくは首里城です。

島村幸一氏は勝連等の大型のぐすくでも「ぐすく」と謡うことはなく、「ぐすく」と謡われるのは首里城だけである、と述べています。[3] 島村氏はまた、「首里グスクに並ぶ大型グスクをグスクと謡わないのは、尚真王が地方の領主である按司達を首里に集めて官僚化し、各地のグスクを実質的に廃城にしたことと関連するのか。そうであるならば、王府が首里グスクを残して他のグスクの機能を停止させたことと相俟《あいま》って、グスクという語を独占したことになる。」と説明しています。この指摘から『おもろさうし』の中で首里城が特別なぐすくであり、まさにぐすくの中のぐすくであることがわかります。

おもろ世界には「男性支配者や神女や神がぐすくを造営する。」と謡うおもろ群があります。このようなおもろは、おもろ時代の人々がぐすくを神話的にいかに認識していたかを示しています。以下、そのようなおもろ群を読者の皆様と共に概観《がいかん》していきたい、と思います。

ぐすく

ぐすく造営のおもろ群の世界に分け入る前に、ここでは簡単にぐすくについて概説したいと思います。「ぐすく」を『沖縄古語大辞典』は次のように説明しています。[4]

ぐすく【城】①拝所、あるいは按司の居城。今の方言ではグスク、グンクなどという。「ぐすく」の語源については、未だ定説がない。「ぐ」は接頭敬称辞の「ぐ」（御）である可能性もあるが、オモロの接頭敬称辞は「み」または「お」で「ご」（ぐ）の用例は見あたらない。「しけ」「しき」は聖所の意味をもつが、「ぐすく」と関係があると考える説もある。「ぐすく」に「城」の漢字を宛てているが、オモロに表れている「ぐすく」がすべて「城」（城塞）ではなく、たんに「聖所」「拝所」の場合もある。なお、琉歌・組踊あたりからは「城」に対して「ぐすく」の他に「しろ」という言い方もするようになっている。『琉球館訳語』に「皇城　姑速姑」、『音韻字海』に「皇城　窟宿狐」とある。②「首里」の対語。また、「ぐすくおどの」（首里城内の御殿）、「ぐすくおやいくさ」（首里の軍勢）のように首里をさすこともある。

この辞典の記述の中の『琉球館訳語』とは琉球語（琉球方言）に関する中国語資料で、明《みん》代に編纂された周辺諸国の言語テキストの『華夷訳語』に収録されています。十五、六世紀の琉球語を知るための貴重な資料です。[5]『音韻字海』は明代にまとめられた字書で、全二十一巻です。その首巻（一巻）に附録として異民族の言語を扱った「夷語音釋」が含まれており、そこで琉球語のみが取り上げられています。[6]

辞典の「ぐすく」の項には補説として、ぐすくと名の付くものは琉球全体で二百余といわれていること、その中で明らかに按司の居城と思われるもの（首里城・中城《なかぐすく》城・今帰仁《なきじん》の北山《ほくざん》城など）や外敵に備えた砦《とりで》のようなもの（三重《みえ》城・屋良座杜《やらざもり》城など）を除けば、ほとんどが周囲の村落の人々の祭祀につながる聖域と推定されるところから、「ぐすく」の原型を葬所や墳墓とする説も出されていること、などが指摘されています。

仲松弥秀氏は『神と村』でぐすくが北は奄美諸島から南は八重山諸島までほとんどの村落に存在していること、沖縄諸島ではグスクといっているが、奄美諸島や八重山諸島では古老はスクということを指摘しています[7]。氏はぐすくを「古代に祖先たちの共同葬所（風葬所）だった場所。」と規定します。そして、なぜぐすくを城というようになったかは明らかではないが、「首里グスク、中グスクに例をとれば、神のおられるグスクを保護していた豪族が、それに隣接して居館を建て、自己の居館もグスクと同じく石垣囲いにし、これが次第に拡大することによって外観上城の観を呈するようになっていたからではなかろうか。」と説明しています。

また氏は同書で、ぐすくは村落の分布と一致していて琉球石灰岩地層の地域に多く、石灰岩の岩丘に位置しているのが多いが、なかには崖《がけ》そのものをぐすくといったり、段丘崖の納骨洞穴や海食によって形成された岩塊をぐすくといっている事例もある、と述べています。仲松氏によるとそのような岩塊の下にはところどころ人骨が散見され、現在の村共同墓はそれに続く砂浜につくられている、ということです。氏はまた、奄美大島の村落の屋敷の庭にあったぐすくといわれていた村の拝所（はいしょ、うがんじょ、神を拝む聖域）は、幅一メートル、長さ一・五メートルほどの小石と土で盛られたものであり、屋敷を広めるために取り潰したところ、その中から人骨が出土したという、と述べています。

仲松氏が述べるこれらの小規模なぐすくは集落の祖先を葬った場所が聖域化したものです。奄美諸島から八重山諸島まで、すなわち南西諸島全域に存在するこの小規模なぐすくと、沖縄の世界文化遺産としてユネスコに登録されている「琉球王国のグスク及び関連遺産群」の巨大なぐすく、今帰仁《なきじん》ぐすく、座喜味《ざきみ》ぐすく、勝連《かつれん》ぐすく、中城《なかぐすく》ぐすく、首里ぐすくは同じぐすくと呼ばれても規模も役割も全く異なっています。

ただし、首里城の中の神聖な神祀る聖域、真玉杜《まだま》をめぐっては貴人の屍《しかばね》にまつわる伝承があります。琉球の正史『中山世鑑《ちゅうざんせかん》』（一六五〇年成立）の記述を簡略化して述べると、第一尚氏の最後の王、尚徳王が亡くなり、次の王を樹立する際、預言者のような老人が「前王は人徳の無さから人民の怨みをかっているので、人望のある金丸《かねまる》（第二尚氏初代の尚円王《しょうえん》）を王位に就けるべきだ。」という声を上げた、とあります。多くの人々がそれに賛同したので、前王の近臣たちは我先にと逃げました。そして前王の妃と世継ぎの子と乳母が真玉杜に隠れたが、見つかって殺害された、と『世鑑』は語っています。この記述は第一尚氏から第二尚氏への王権の移行の際、前王統の主要な人物達が非業の死を遂げたことを示唆しています。

　また、琉球の地誌の『琉球国由来記』（一七一三年成立）には首里城で殺害された世子《せいし》（王の世継ぎの子、尚徳王の子）の屍に霊験があるとして、その骨を奪った人の話が記述されています。その上、『由来記』には一回では骨をとり尽くせず胼《こむら》（ふくらはぎ）の骨がのこったので真玉森を胼城《くんだぐすく》という、とまで記しています。このことは高貴な死者の屍や骨には霊力がある、という発想に基づいています。なおこの真玉杜（森）の伝承については吉成直樹氏と筆者の共著『琉球王国と倭寇―おもろの語る歴史』を参照しています。[8]

　かつての沖縄には骨神《ふねじん》といって古い人骨を神として拝んだり、アジ（按司）墓といって古い葬地を尊ぶ習慣がありました。[9] この習慣が、前掲の仲松氏の述べるぐすくの規定である「古代に祖先たちの共同葬所（風葬所）だった場所。」と通じ合うのは指摘するまでもありません。ただ、首里城内部の聖域にこのような貴人の聖骨に関する伝承があることを知った時、巨大なぐすくもまた、南西諸島全域に広がる小規模なぐすくと精神文化を同じくする側面がある、ということがわかります。

なぜ巨大なぐすくが十三世紀に建造されるようになったのか、ということについては多くの著書や論文で論じられています。ここではその問題に深く立ち入ることはしません。

なお土肥直美氏はぐすく時代以降、沖縄人のサイズが全体的に大きくなり、顔がやや細長くなっていることを指摘します。[10] そして沖縄の現代人の特徴はぐすく時代（中世）までは連続しているが、ぐすく時代と先史時代に明らかな時代差が認められる、と述べます。そしてぐすく時代が文化的に大きな画期であったと同時に日本本土や中国大陸も含めた人の移動が盛んな時代だったといわれており、それが形質の時代変化をもたらすほどのものだったことは十分考えられる、と述べています。

この土肥氏の述べる沖縄人の形質の変化の理由は、急激な人の流入と考えられます。南西諸島は西欧で高価な値段で取引された陶磁器の一大産地である中国に近く、交易拠点として重要な場所です。沖縄の各地から発見される輸入貿易陶磁器の破片の量は莫大であり、中世の中国陶磁片に限っては沖縄の主要ぐすくに匹敵するのは神奈川県鎌倉海岸か広島県福山市の草戸《くさど》千軒《せんげん》遺跡か福岡県の博多や大宰府遺跡ぐらいである、と三上次男氏は指摘しています[11]。世界遺産に登録されるような巨大なぐすくが築かれるようになったことと、沖縄への急激かつ大量の人の流入と、交易拠点としての沖縄の重要性は深く結び付いている、と筆者は考えます。

ただ、祖先を葬った場所が聖域化した小規模のぐすくと巨大なぐすくの精神文化には前述のように同じ側面があります。現代、沖縄の大規模なぐすくに行くと、必ずその域内にぐすくに関わる祖神を祀る拝所があります。時にはそこで供え物を広げ、祈願している地元の方の姿を見掛けることもあります。自分の先祖にゆかりのあるぐすくの聖域に祈願する現代の沖縄の人と、かつて村落の小さな聖域に祈願していた琉球・沖縄の人の精神性は深くつながっています。

なお間宮厚司氏はぐすくの語源を探求し、ぐすくが先に述べた奄美や先島ではスクということに注目します。[12] そして平安時代の辞書である『倭名類聚抄《わみょうるいじゅしょう》』や『類聚名義抄《るいじゅうみょうぎしょう》』に掲載されるソコという語に繋がるのではないか、と述べます。氏によるとソコを表現する漢字は「塞・塁・壁・郛・垣」です。氏はこの五文字は「小規模あるいは臨時の城」の意の「塞・塁」と「敵を防ぐために築いた囲い」の意の「壁・郛・垣」の二つのグループに分けられる、と述べます。そしてぐすくのスクに対応するのは「囲い」の意のほうがより適切と考える、と述べます。氏はスクの語源を「壁・垣」の古訓のソコに求め、「城や砦の周囲に設けられた囲い」が原義であったと結論付けます。そして、大和古語のソコ(soko)が琉球方言の三母音化(o→u)により、スク(suku)に変化したのであろう、と述べています。

そしてぐすくのグは、奈良時代の『古事記』や『万葉集』に例が見られるキにさかのぼると思われる、と述べます。氏は古事記歌謡の「宇陀《うだ》の　高城《たかぎ》に　鴫罠張《しぎわなは》る」や万葉歌の「しらぬひ　筑紫《つくし》の国《くに》は　敵守《あたまも》る　おさへの城《き》そと」のキが「防備施設を備えた建造物」

の意で「城・砦・要塞」のことである、と述べます。このキは「ツキ（月）」や「キ（木）」のキと同じで、複合語の前に位置する場合、ツキ→ツクヨ（月夜）やキ→コヌレ（木末）のようにク、またはコと母音交替を起こすので、「キ（城）＋ソコ（壁・垣）」はクソコまたはコソコに変化する可能性があり、それが三母音化するとクスクになる、といいます。

間宮氏はクスクのクの語頭がグと濁音化していることについて、『沖縄語辞典』（国立国語研究所編、大蔵省印刷局、一九六三年）に「guci（茎）・guma（細）・guusi（串）・guzira（鯨）」など、本来は清音のクであったものがグと濁音化している例がある、と述べています。そして、これらの単語が『沖縄今帰仁方言辞典』（仲宗根政善、角川書店、一九八三年）でもすべて濁音化しているので、クスクであったのがグスクと濁音化したのであろう、と述べています。

間宮氏は『日本方言大辞典』（徳川宗賢監修、小学館、一九八九年）によると、沖縄県新城島でグスクは「ぎすく」になっている、と述べます。そして「これはキが母音交替を起こさず、キソコのままギスクと語頭が濁音化した結果なのではないか。もしそうだとすれば、

「キ（城）＋ソコ（壁・垣）」説の傍証例になる。」と説明しています。

間宮氏は他にぐすくの語源として「ゴ（御）＋スク（宿）」→民間語源説（源為朝の御宿に由来するという）、「ゴ（御）＋ソコ（塞）」→伊波普猷《いはふゆう》説、「ゴ（御）＋シキ（磯城）」→鳥越憲三郎説、「ゴ（石）＋シキ（城郭）」→中本正智説、などを挙げています。筆者にはぐすくの語源説のいずれが最も正しいかを判断する能力はありません。

このようにぐすくは沖縄を代表する建造物でありながら語源説が複数あり、定説が確立しているとは言い難い状況にあります。ぐすくの語源が今ひとつ不分明なのは、現代の我々が、ぐすくの建造を担い、ぐすく時代を生きた人々の活動の輪郭を描き切れないからでもあります。

琉球には十五世紀から外交文書は存在していました。その文書は『歴代宝案《れきだいほうあん》』として集成されています。外交文書は東アジアの共通語である漢文で書かれており、外交文書専門の人々が作成していました。しかし、自らの内側から文字資料をまとめたのが十七世紀の『おもろさうし』が初だった、という琉球の人々は文字を以ってぐすく時代の同時代（およそ十二世紀から十五世紀）のことを書き残すことはありませんでした。

『おもろさうし』のおもろは解釈に独特の難しさがありますが、ぐすくを考察する際の琉球の重要な文字資料である、ということができます。そのような視点でおもろ世界に分け入ってみたいと思います。

尚真王おもろの世界

おもろ世界には第二尚氏第三代の尚真王《しょうしん》（在位一四七七年－一五二六年）を賛美したおもろがたくさん収録されています。尚真王は琉球王国の黄金時代を生きた王です。尚真王が在位していた時期は、ちょうど日本の戦国時代に重なります。畿内では一四六七年に応仁の乱が始まり、室町幕府の統治能力が著しく弱体化しました。古い権威は否定され、守護大名に替わって新興勢力が権力を握る、いわゆる下克上《げこくじょう》の戦国大名が各地に生まれました。

足利将軍が十五世紀から十六世紀に琉球国世主（国王）に出した「りうきう国のよのぬしへ」の四通の文書の写し（一四一四年・一四三六年・一四三九年・一五二七年）からわかるように、足利幕府は琉球の存在を認識していました。[13] しかし、日本国内が混乱する時期に琉球に対してあからさまな領土的野心を持つ者は少なく、琉球は中継貿易によって繁栄を謳歌していました。そのような時代に五十年近く琉球を統治した尚真王は、まさに琉球の全盛時代を体現した王でした。
　おもろ世界には現実の尚真王を謡ったと考えられるおもろの他、理想王として神格化された尚真王を謡ったおもろ群が巻五にあります。例えば、次のようなおもろです。

巻五 - 二八一

一 おぎやか思《も》いぎや　　尚真王様が
おこのみの　並松《なみまつ》　　お好みの松並木
おぎやか思《も》い　誇《ほこ》て　　尚真王様も誇り
末《するゑ》 勝《まさ》て　　末長く勝れて
枝《ゆだ、》 差《さ》ちゑ　ちよわれ　　枝が差してましませ
又 按《あ》司《ぢ》襲《おそ》いぎや　　国王様が
おこのみの　並松《なみまつ》　　お好みの松並木

又あまみきよわ　　あまみきよは
島《しま》は　造《つく》りよわちへ　　島を造り給いて
又しねりきよわ　　しねりきよは
国《くに》は　造《つく》りよわちへ　　国を造り給いて
又おぎやか思《も》いが　　尚真王様が
島《しま》は　気合《けや》わしよわちへ　　島の気を合わせ給いて
又按司襲《あぢをそ》いが　　国王様が
国《くに》は　気合《けや》わしよわちゑ　　国の気を合わせ給いて
又上下《かみしむ》は　揃《そろ》へて　　国中を揃えて
又地離《ぢはな》れも　揃《そろ》へて　　離島も揃えて
又神《かみ》てだも　守《まぶ》りよわ　　太陽神も守り給う

このおもろは、「おぎやか思《も》い　誇《ほこ》て／末《すゑ》　勝《まさ》て／枝《ゆだ》　差《さ》ちゑ　ちよわれ」が繰り返して謡われる部分で、一記号の部分でのみ記載され、又記号の部分では省略されています。そして、尚真王のお好みによって松並木が植えられ、その木が枝を伸ばして繁茂する様子と、王の治世の未来への祝福が二重写しになっています。

おもろの解釈でまず注意すべきは、琉球の創世神、あまみきよとしねりきよが島や国を造る、という箇所です。そして創世神が造った国土を統一し、北から南まで、そして離島までの支配権を確立するのは尚真王である、と謡われています。この二八一のおもろの構図は、巻十の琉球開闢《かいびゃく》を謡ったおもろと全く同じです。開闢おもろは次のようになっています。なお訳文はおもろの理解を助ける補足説明のある『南島の神歌』に拠ります。[14]

巻十‐五一二

一 昔初《むかしはぢ》まりや　昔、天地の初めに
てだこ大主《ぬし》や　太陽神は
清《きよ》らや　照《て》りよわれ　美しく照り輝き給え

又せのみ初《はぢ》まりに
又てだ一郎子《いちろく》が
又てだ八郎子《はちろく》が
又おさんしちへ　見居《みお》れば
又さよこしちへ　見居《みお》れば
又あまみきよは　寄《よ》せわちへ
又しねりきよは　寄《よ》せわちへ
又島《しま》　造《つく》れてゝ　わちへ
又国《くに》　造《つく》れてゝ　わちへ
又こゝらきの島々《しま〱》
又こゝらきの国々《くに〱》
又島《しま》　造《つく》るぎやめも

昔、天地の初めに（太陽神は、美しく照り輝き給え）
太陽神《ひのかみ》一郎子が
太陽神《ひのかみ》八郎子が
天上から見おろしてみると
鎮座して見おろしてみると（島はまだできていません
でした。そこで太陽神は）
アマミキヨをお招きになり
シネリキヨをお招きになり
島を造れと仰せになり
国を造れと仰せになり
たくさんの島々
たくさんの国々を（造ることになりました）
島を造るまで

又国《くに》　造《つく》らぎやめも　　国を造るまで
又てだこ　心切《うらき》れて　　太陽神はたいそう待ちわびて
又せのみ　心切《うらき》れて　　太陽神はひどく待ちわびて
又あまみや衆生《すぢや》　生《な》すな　　アマミヤ人を生むな
又しねりや衆生《すぢや》　生《な》すな　　シネリヤ人を生むな
又然《しや》りは衆生《すぢや》　生《な》しよわれ　　血筋の正しい人を生み給え（と仰せになりました）

この五一二のおもろにおいて、最初に登場するのは、てだこ大主で、原初の世界に照り輝く太陽神です。次に登場するてだ一郎子とてだ八郎子は対偶をなす太陽神で、あまみよ、しねりきよを呼び寄せ指令を出す人格を持つ太陽神です。そして、てだこ、せのみも人格を持つ太陽神です。おもろからは、てだ一郎子とてだ八郎子と、てだことせのみは、同じ存在であろう、と推定できます。それではてだこ大主も同様の太陽神かというと、対偶をなさないこと、原初の世界に輝くとされることなどは異なります。いずれにせよこのおもろは、神話世界の太陽神が人格を持って指令を出し、あまみきよ、しねりきよに国土を創世させる、ととることができます。

ここでは、あまみきよ、しねりきよは島々や国々を造るが、そこで繁栄するのはあまみきよやしねりきよの子孫ではなく、血筋の正しい人、とされています。この血筋の正しい人とは、国土創世を命じ、創世を待ちわびた太陽神の末裔です。先に掲げた二八一のおもろとこの五一二おもろと考え合わせると、尚真王こそ太陽神の末裔であり、沖縄島を中心とする琉球王国を支配するべき王の中の王である、ということがわかります。同じ発想で謡われたおもろが巻五に何点かあることは、かつて共著で指摘しました。[8] また、尚真王に対して王国の版図の津々浦々から様々な霊物が奉られている、ということも同じく共著で指摘しました。

あまみきよは琉球の祖神で、琉球王府第二尚王統の史書、『中山世鑑《ちゅうざんせかん》』には阿摩美久《あまみく》の名で登場します。天城にいたアマミクは天帝の命を受け、島を造ります。『世鑑』には「先一番ニ国上（国頭）辺土《へど》の安須《あす》森、次ニ今鬼神《なきじん》ノカナヒヤフ、次ニ知念《ちねん》森、斎場《せーふぁ》嶽、藪薩《やぶさつ》の浦原《うらばる》、次ニ玉城《たまぐすく》アマツヾ、次ニ久高《くだか》コバウ森、次ニ首里森、真玉《まだま》森、次ニ島々国々ノ、嶽々森々ヲバ、作リテケリ。」と記されています。アマミクがまず沖縄島の最北端の辺戸の安須杜、次に今帰仁《なきじん》金比屋武《かなひやぶ》嶽、次に知念《ちねん》杜、斎場《さやは》嶽、藪薩《やぶさつ》の浦原《うらばる》、玉城《たまぐすく》あまつづ、久高《くだか》島の蒲葵《こば》杜、首里《しゅり》杜、真玉《まだま》杜、次に島々や国々の聖域を造営していった、というのです。この『中山世鑑』の記述は、始原の沖縄島では先ず重要な聖域が祖神によって造られ、そこから拡大していった、ということを意味しています。

『中山世鑑』において、アマミクは天帝に人種子を乞い、天帝の男女の子を降ろしたところ、女神が男神と和合したのではなく、往来の風によって女神が孕《はら》み、男女五人の子が生まれ、長男が国の主の始まりの天孫《てんそん》氏と名乗り、次男は諸侯の、三男は百姓の始まりで、長女は君々《きみ》（高級神女）、次女は祝々《のろ》（神女）の始まり、と記されています。アマミクは国土である沖縄島を造り、琉球の支配者層、琉球で祭祀を行う人々、琉球の土地を耕す人々のそれぞれの祖の誕生まで天帝の意思に沿って動きます。天帝の命によって国土創世をするアマミクと開闢おもろのあまみきよは全く同じ存在です。そして、『世鑑』の天帝と開闢おもろの太陽神も同じ存在であることは、いうまでもありません。

地上における太陽神同様といっていい尚真王に関わるおもろを多数収録する巻五には、次のようなぐすくの中のぐすく、首里城に関わるおもろ群があります。

巻五 - 二三九

一あまみや　初《はぢ》またる　　昔（あまみや）始まった

首里《しより》杜《もり》ぐすく　　首里杜ぐすく

此《こ》れど　金内《こがねうち》に　譬《たと》わる　　これこそ（天上の）金内（祭祀空間）に譬えられる

又しねりや　初《はぢ》またる　　昔（しねりや）始まった

真玉《まだま》杜《もり》ぐすく　　真玉杜ぐすく

巻五 - 二四〇

一あまみきよが真細工《まさいく》　　あまみきよがすぐれた細工をして

首里杜《しよりもり》　げらへて
げらへやり
おぎやか思《も》いに　みおやせ
又しねりやこが真細工《まさいく》
真玉杜《まだまもり》　げらへて

首里杜を造営して
造営して
尚真王様に奉れ
しねりやこがすぐれた細工をして
真玉杜を造営して

巻五－二四一

一あまみきよわ
大島《しま》は　造《つく》て　やちよ
英祖《ゑぞ》にや末《すゑ》
おぎやか思《も》いに　みおやせ
又しねりやこは
大島《しま》は

あまみきよは
沖縄島を造って　いつまでも
英祖王の末裔である
尚真王様に奉れ
しねりやこ（しねりきよ）は
沖縄島を

二三九の首里杜と真玉杜は、首里城内にある神祀る聖域の杜です。そして首里杜ぐすくと真玉杜ぐすくは、おもろ世界では対を形成して宗教的な首里城を意味しています。二三九では首里城が神話的古代であるあまみきよ、しねりきよの時代（あまみや、しねりや）に遡《さかのぼ》る城であり、こがね内、すなわち太陽神の光輝と霊力に満ちた天上の祭祀空間のようだ、と謡っています。

そして、二四〇はあまみきよとしねりきよが首里城を造り、尚真王に奉れ、と謡っています。二四一はあまみきよとしねりきよが沖縄島を造り、英祖《えいそ》王の末裔である尚真王に奉れ、と謡っています。英祖王は、第二尚氏より以前の英祖王統の王で、母が日輪が懐《ふところ》に入る夢を見て懐妊した、という伝承を持っています。尚真王が太陽《てだ》の子である英祖王の末裔とされるのは、双方の王が共に太陽神の末裔とされており、英祖王の方が、年代が古いからです。

この三点のおもろは、首里城の起源があまみきよ、しねりきよの時代に遡ること、あまみきよ、しねりきよが首里城や沖縄島を造り、尚真王に奉ることが謡われています。無時間性を特徴とするおもろ世界では、始原の創世神と、多分に神性を帯びているとはいえ、実在の王が直接結びつきます。このおもろ群もまた、始原の創世神と太陽神の末裔が開闢おもろと同様の構図をなしています。

ところで、開闢おもろも含め、これまで紹介してきたおもろには「島や国を造る」、あるいは「首里城を造る」という詞句がたびたび見受けられます。これらは、始原世界を構築する、という意味があると考えられます。このことはかつて共著で指摘しました[8]。始原構築とは、始まりの世界は瑞々しい霊力に溢れており、その世界に回帰しよう、ということを意味します。

あまみきよ、しねりきよが国土や城を造り、地上の太陽神である尚真王に捧げる、とは霊力に溢れた神話的なイメージです。しかし、具体性に乏しく、そのイメージがストーリーを持った神話に発展していく、とはとても思えません。このイメージは後述するようにおもろ世界にたくさん見受けられます。それは、おもろという歌謡がイメージを表現するのにふさわしい媒体だったからである、と考えます。

共著でも指摘したように、巻五には首里城造営おもろ群（二一六〜二一九）や始原構築と王の中の王である尚真王の支配の充実（二二九〜二三二）や首里城の始原と始原にかかわる与論島の神と国王（二三五〜二三八）といったおもろ群があります。ここでは首里城造営おもろ群のおもろを紹介します。[8]

なおこのおもろ群に登場するてだこ（国王様）を尚真王である、と断言することはできません。ただ、巻五の七十九点のおもろのうち、尚真王の名、おぎやかもい、おぎやかへともい、等を謡ったおもろは二十六点あります。そして、巻五の巻頭おもろである二一二の、首里のてだ、御愛《みかな》してだ、てだ一郎子《いちろく》、てだ八郎子《はちろく》は尚真王をさす、と考えられます。[8] てだ一郎子、てだ八郎子は開闢おもろに登場する太陽神の名であり、二一二では首里の国王を意味します。すでに述べてきたように、このように謡われる国王が尚真王をさすのは明白です。巻五は神格化された尚真王を賛美するという編纂意図がある、と考えますので、このおもろ群のてだこも尚真王として考察します。

巻五－二一六
一首里《しより》杜《もり》　真玉杜《まだまもり》　げらへて
後勝《のちまさ》る世掛《が》け拍子《ひやし》　みおやせ
又下足《しもあし》から　基足《もとあし》から　おり上《あ》げて
又丈《たけ》　高《たか》く　幅《はり》　広《ひろ》く　おり上《あ》げて

首里杜、真玉杜を造って
後々まで勝る世を支配する拍子を打って奉れ
土台から基礎から積み上げて
丈高く幅広く積み上げて

巻五－二一七
一首里　おわる　てだこが
玉石垣《たまいしがき》　げらへて
玉金《たまこがね》　持《も》ち満《み》ちへるぐすく
又ぐすく　おわる　てだこが
玉石垣《たまいしがき》　げらへて

首里城にまします国王様が
美しい石垣を造って
美しい黄金が満ち満ちているぐすく
首里城にまします国王様が
美しい石垣を造って

巻五-二一八
一首里杜《しよりもり》　げらへて
げらへたる　清《きよ》らや
上下《かみしも》の世
揃《そろ》ゑる　ぐすく
又真玉杜《まだまもり》　げらへて
げらへたる　清《きよ》らや

首里杜を造営して
造営する見事さよ
国中を
支配するぐすく
真玉杜を造営して
造営する見事さよ

巻五-二一九
一太良金《たらかに》ぎや細工《さいく》
神座《かぐら》ぎやめ　鳴響《とよ》で
首里杜《しよりもり》

太良金様が造営したものは
天上のかぐらまで名高く
首里城は

金《こがね》　寄《よ》り満《み》ちへて　　黄金を寄り満たして
又太良金《たらかに》ぎや細工《さいく》　　太良金様が造営したものは
おぼつぎやめ　鳴響《とよ》で　　天上のおぼつまで名高く

このおもろ群では首里城が土台や基礎から石が積み上げられ、丈高く幅広く造営されていくこと、国王自身が美しい石垣を積み上げ、その仕業によって美しい輝きが満ち溢れるぐすくになること、首里城を造営するさまが見事であり、そのぐすくによって沖縄島の上(北)下(南)、すなわち国中が統一されることが謡われています。そして二一九の太良金とは真玉《まだん》橋を造った三司官《さんしかん》(琉球王府の大臣)の一人、沢岻親雲上《たくしおやくもい》(沢岻盛里)のこと、とされています。沢岻親雲上は一五二二年に尚真王の正使として中国に赴いた人物で、尚真王の子、尚清王の名付け親でもあります。石を積み、石を組んで造り上げる橋やぐすくの造営に太良金は才能を発揮し、その手になる首里城は天上の他界、おぼつ・かぐらに名高く鳴り轟く、というのです。

このおもろ群は、始原の首里城造営についての複数のイメージが謡われています。二一六は造営された首里城で鼓によって後勝る世掛け拍子（行末勝れる世を支配する拍子）が奉られています。鼓は打楽器しか存在しないおもろ世界において最も位が高い楽器で、祭器としての側面が強いです。かつて共著において鼓を「琉球の諸按司が持っていたとされる神器。」、「神女や領主が鼓を打ち鳴らすことによって、霊力を高め、統治の成功を期待するというのである。」と説明したことがあります。[8] 造営された首里城が、神器の鼓の未来の統治の充実をかなえる拍子によって祝福されたことがわかります。

二一七は太陽神の光輝を伝える太陽神の末裔のてだこ、こと国王が造営した玉石垣のぐすくが玉金《たまこがね》持ち満ちへるぐすく、すなわち輝く黄金に満ちたぐすくになる、と謡っています。この玉金《たまこがね》が太陽神の霊力の光輝か、実際の宝物の輝きかは判断することはできません。二一八は首里城が美しく造営され、そこが国を統一する拠点となることが謡われています。そして、二一九は実際に首里城造営に関わったのかもしれない人物の造営の仕業が天上の他界に名高く鳴り轟くこと、そして首里城に金《こがね》が寄り満つことを謡っています。

首里城の古い石積（首里城公園管理センター）

首里城の新しい復元箇所（首里城公園管理センター）

この金《こがね》も先の玉金《たまこがね》と同様に太陽神の霊力の光輝か、実際の宝物の輝きかは判断することはできません。ただ、視覚的に高貴で優れたものの光輝を示す、ということはできます。

このように、このおもろ群が提示するのは実在の国王や太良金が首里城造営に携わったこと、造営された首里城に祝福のおもろ拍子が響くという聴覚のイメージ、そしてこがね色で満ちるという視覚のイメージ、そして地上の首里城の有様が天上にまで鳴り響くというイメージです。それらのイメージはおもろだから提示することが可能だったのではないでしょうか。

ところで安里進氏のご教示によると、首里城や浦添ぐすくのような大規模なぐすくは、造営するのに相当の年月がかかり、百年以上かかったものもあったのではないか、ということです。また安里氏は、そのようなぐすくの石垣をすぐに積み上げるなら、それは正しく神の仕事だろう、とも述べられました。石と石の間に何も充塡《じゅうてん》せず、人力で石を割り、削って石を組み合わせ、積み上げるぐすくの城壁が長時間かかって造営された、ということを知った時、あまみきよ、てだこ、太良金の首里城造営を謡ったおもろは、まさに神による奇跡を謡っている、ということがわかります。

石を割る道具

ぐすくの石を積むときは、石を割って組み合わせていきます。おもろ世界には石を割る道具、石へつ（石槌《いしつち》）・金へつ（金槌《かなつち》）や石おうの（石斧《いしおの》）・金おうの（金斧《かなおの》）が謡われることがあります。そのおもろでは、例外なく「石へつは　こので」、「金へつは　こので」、「石おうの　こので」、「金おうの　こので」と謡われます。「こので」とは「作って」を意味します。すなわち、石を割る道具を作って、と謡うのです。

その用例には次のようなものがあります。

巻十 - 五二七
一首里《しより》国《くに》なる按司《あんじ》／又ぐすく国《くに》なる按司《あんじ》
又首里《しより》　ちよわる　按司《あぢ》襲《おそ》い／又ぐすく　ちよわる　按司《あぢ》襲《おそ》い

又今日《けお》の良《よ》かる日《ひ》に／又今日《けお》のきやかる日《ひ》に
又大君《きみ》は　崇《たか》べて／又国守《くにも》りは　崇《たか》べて
又上下《かみしも》は　集《あと》へて／又地離《ぢはな》れ　揃《そろ》いて
又石《いし》へつは　こので／又金《かな》へつは　こので
又石《いし》ら子《ご》は　おり上《あ》げて／又真石《まし》ら子《ご》は　積《つ》み上《あ》げて
又波《なみ》の上《うへ》は　げらへて／又端《はな》ぐすく　げらへて
又物参《まい》り　しよわちへ／又てら参《まい》り　しよわちへ
又神《かみ》も　誇《ほこ》りよわちへ／又権現《ごんげん》も　誇《ほこ》りよわちへ

（首里国、ぐすく国の按司、首里ぐすくにましますす国王様、今日の良き日、かかる日に、大君、国守り神女を崇敬して、国中を集め、離島を揃え、石槌を作り、金槌を作り、石をおり上げ、石を積み上げて、波の上、端ぐすくを造営して、もの参り、聖域へのお参りをし給いて、神も権現も喜び誇り給いて。）

このおもろは現代の波之上宮、こと波の上ぐすく造営のおもろです。航海安全の神、熊野三社を勧請した波之上宮の造営が国王の意志だったことがこのおもろからうかがえます。あわせてこのおもろでは石槌・金槌を作って石をおり上げ、積み上げる、と謡われています。この「石へつは　こので」以降の詞句の主体が国王である、と断言することはできませんが、「上下は　集へて」と「地離れ揃いて」の主体は国王です。その続きの石槌、金槌の作り手もまた国王である、と考えていいのではないでしょうか。

波上宮

それでは神格化された国王自らが石を積み波の上ぐすくを造営する、と謡うおもろで、なぜ石を割る道具を作る、と謡われなければならないのでしょうか。

それは、前述した「首里城を造る」あるいは「ぐすくを造る」という詞句に始原世界を構築する、という意味があることと結び付いています。霊力が溢れる始原世界に神格化された国王が登場し、初めて石を割る道具を作り、それを手にして石を積み上げ、おり上げて構築されたのが波の上ぐすくだ、と謡うことはぐすく造営の道具作りから始まる工程を国王がすべて担ったことを示唆しています。そのような神としての国王の仕業はおもろを口に出して謡うたびに呼び覚まされるはずです。

島村幸一氏はこのおもろの「又上下《かみしも》は　集《あと》へて」から「又波《なみ》の上《うへ》は　げらへて　又端《はな》ぐすく　げらへて」までの詞章は生産叙事、すなわちものを始原に遡って称える表現である、と述べています。[2] そして「ここでは、「波《なみ》の上《うへ》」(「波上山権現」)の実際の造営を謡っているわけではなく、造営時の始原に遡って称えている。具体的には、祭礼のために権現を清浄にした状態を造営の始原に遡って称えているのである。」と説明しています。

なお、仲松弥秀氏は前掲の『神と村』でこのおもろを取り上げています。[7] そして波の上ぐすくが海へ突出した崖上に位置しており、崖中の洞穴から器物とともに人骨が出土したことを指摘しています。そして、おもろの中の「てら」は崖中の人骨の出土した洞穴を指していると思われる、と指摘します。

仲松氏の述べる「てら」は、仏寺の寺ではありません。『沖縄古語大辞典』の「てら」の項には「神の世界に通じていると信じられている洞穴などをいう。拝所になっているのがふつう。」とあります。[4] おそらく古い時代から神聖視されてきた崖中の洞穴が波の上ぐすくの原初の姿で、その崖上に航海守護の熊野三社を勧請し、ぐすくが神格化された国王の手で建ち上がっていくのを謡ったのがこのおもろではないでしょうか。

ところで「おり上げる」は『おもろさうし』に十二例あり、すべてが石を積み上げ、御嶽やぐすく、そして城門の造営をすることを意味します。『沖縄古語大辞典』には「おりあがる」で「織りが完成する。」を意味する語があることを紹介しています。しかし、おもろでは石を積むことを意味します。石垣の石を積み上げることを、なぜ「おり上げる」

と表現するのでしょうか。島村幸一氏は五二七のこの表現について「一九〜十二世紀に築かれたグスク」の石垣の石積みの形式のひとつに「布積み」というものがあり、この石の積み方を表現したと思われるが、やはり歌語的な表現であると思われる。」と説明しています。[2]

また、国王自らが石槌・金槌を作ることがはっきり謡われているおもろもあります。

巻九－四七六

一煽《あお》り君《きみ》　見物君《みものきみ》　手摩《てづ》て／後勝《のちまさ》り　ちよわよる　清《きよ》らや／又首里《しより》杜《もり》　真玉杜《まだまもり》ぐすく

又按司襲《あんじおそ》いぎや　貴《たゝ》み子《きよ》が　御身《おみ》／又石《いし》へつは　金《かな》へつは　こので

又石子《いしらご》は　真石子《ましらご》は　おり上《あ》げて／丈高《たけたか》く　幅広《はりひろ》く　おり上《あ》げて

（煽り君、見物君神女は手を摩って祈り、首里城の国王様が、貴いお方がおん自ら、石槌と金槌を作って石を、真石をおり上げて、丈高く幅広くおり上げて、未来勝れてましますことの美しさよ〈国王の未来への祝福〉。）

このおもろでは「按司襲《あんじおそ》いぎや　貴《たゝ》み子《きよ》が　御身《おみ》」と「石《いし》へつは　金《かな》へつは　こので」が連続しており、国王が石を積み上げるための道具を自ら作ったと謡われていることがわかります。ただし国王が石を積み上げて何ができていくのかは、このおもろからはわかりません。

また、泊（港）を開削し直す、と謡うおもろにも「石へつは　こので」、「金へつは　こので」という詞句が登場します。

巻十‐五三八
一伊敷下《いしけした》／世果報《ようがほう》　寄《よ》せ着《つ》ける　泊《とまり》／又愛《かな》し金殿《かねどの》よ
又石《いし》へつは　こので／又金《かな》へつは　こので
又伊敷《いしけ》　寄《よ》り直《なお》ちへ／又なたら　寄《よ》り直《なお》ちへ
又　楠《くすぬき》は　こので／又大和船《やまとふね》　こので／又大和旅《やまとたび》　上《のぼ》て／又山城旅《やしろたび》　上《のぼ》て

又珈玻羅《かはら》　買《か》いに　上《のぼ》て／又手持《ても》ち　買《か》いに　上《のぼ》て
又思《おも》い子《ぐわ》の　為《ため》す／又わり金《がね》が　為《ため》す
（伊敷の下は世果報が寄せ着ける泊である。すぐれた金殿よ、石槌を作って、金槌を作って伊敷、傾斜地を削り直して、楠で造って、大和船を造って、大和旅、やしろ旅に上って、勾玉を買いに上って、手持ち玉を買いに上って、思い子の、わり金の為にこそ。）

　このおもろの主人公は殿という呼称を持っています。殿とは日本では男性貴人や貴人の住む建物の呼称です。おもろ世界の殿の中には御嶽で弓弦を鳴らす、すなわち鳴弦し、田に舞う鳥を射落とす弓の名手の命鬼《ゑのちおに》の殿《との》が一〇四四のおもろに謡われています。この人物は日本の魔除けの作法、鳴弦を行うので、日本から沖縄に渡来した人物、と考えられます。

　五三八の人物は石を割る道具を作り、泊を整備し、船を造って大和、やしろに乗り出します。また、このおもろの「上る」という言葉は周縁部から中心部に移動する、ということを意味します。関東において地方と東京を結ぶ電車路線の上りは東京行、下りが地方行なのはいうまでもありません。

この人物について、筆者は「この人物は楠の大和の船を作って九州へ上る、つまり北上するのである。殿である彼は、周縁の沖縄島からより上位で中心的な本土へ上る。殿の呼称と相まって、彼がかつて本土や九州から沖縄島へ下った人物、あるいはそのような人物を祖に持つ末裔だった可能性も考えられる。」と説明しました。[15]

愛《かな》し金殿《かねどの》の出自はとも角、なぜ彼のおもろで石槌・金槌を作る、と謡われなければならなかったのでしょうか。それは伊敷下の泊から出港する船が大和で目的を果たし、無事に帰港するように、という祈念がこめられているから、と考えます。そのためには開削工事の始まりのあり方、すなわち道具作りから謡うべきである、という発想があったのでしょう。ただ、このおもろは困難な航海を行うとはいえ、玉を買いに行くおもろです。そのおもろに開削工事の道具作りを謡う、というあり方は極めてユニークである、と思います。

また、神女が石槌・金槌を作る、というおもろもあります。

巻十七‐一二〇四
一勢理客《せりかく》ののろの／あけしの〻のろの／おり上《あ》げたる　清《きよ》らや
又石《いし》へつは　こので／金《かな》へつは　こので
（勢理客ののろの、あけしののろの、おり上げる〈石を積み上げる〉ことの美しさよ、石槌を作って、金槌を作って。）

巻十七には今帰仁おもろ群が含まれています。このおもろは国頭郡今帰仁村勢理客ののろ（神女）、あけしのが石槌・金槌を作り、石を積み上げることの美しさを謡っています。今帰仁領域の重要な神女が、石を割る道具を作り、石を積み上げているのです。

また、沖縄島南部の糸満市の山城には石斧・金斧を謡うおもろがあります。

巻二十‐一三四八

一山城《やまぐすく》貴《たゝ》み子《きよ》／まちやよす　削《けず》れ／石《いし》ら子《ご》　削《けず》たる　清《きよ》らや
又石斧《いしおうの》　こので／金斧《かなおうの》　こので
（山城の貴いお方、まちやよこそ削れ、石斧を作って、金斧を作って、石を削ることの美しさよ。）

このおもろには山城の貴人と「まちやよ」という人物が登場します。山城の貴人と「まちやよ」が同一人物かどうかは、わかりません。また、石斧・金斧の作り手が山城の貴人なのか「まちやよ」なのかも、わかりません。ここでは貴人のいる山城で石斧、金斧を使って石を削る有様が賛美されている、ということを指摘しておきます。

なお『沖縄いしの考古学』で大堀皓平氏は「磨製《ませい》石斧は首里城跡からもしばしば出土します。縄文土器も出土するので先史時代の石斧とみられています。しかし『おもろさうし』第二十「こめすおもろの御さうし」には石斧「いしおうの」が登場しますので、これらの資料は歴史時代の石斧の可能性も考えられます。もしかしたら首里城跡で使われていたのかもしれません。」と説明しています。[16] 考古遺物としての首里城の石斧とおもろの石斧のあり方が結びつく可能性もあることを、この大堀氏の記述から知ることができます。

以上のように石を削るための道具が国王、愛し金殿、あけしの神女、山城の貴人などと関わり謡われています。勿論、彼らが実際に石槌や斧を作ったわけではありません。

考古学的にはぐすく時代からは土木建築に関する金属製品が多く使用されはじめ、十四世紀後半頃になると鉄斧《てつおの》や錐《きり》、楔《くさび》や槍鉋《やりがんな》、角釘《かくくぎ》、鎹《かすがい》が勝連ぐすく、今帰仁ぐすく、首里城から出土するようになります。仲村毅氏は金属工具の出現の背景には大型の礎石・基壇建物が出現したことによる土木・建築技術の向上がある、と述べます。[17] そしてぐすく造営には専門的な知識を持つ職人を多数抱え込み、大量の金属製品を供給する必要があったことも指摘します。仲村氏は首里城のような城塞的ぐすくに金属製品や鍛冶跡が発見されることから、城主である按司のお抱え鍛冶職人が居た可能性がきわめて高いと思われる、と述べています。

仲村氏はまた「グスクの城壁や橋、井戸、墓、道など、当時の土木建築の多くは石灰岩が利用されていましたが、この石灰岩を切ったり削ったりするには金属工具、特に鉄製品は不可欠な工具でした。」と説明しています。『おもろさうし』の石槌・金槌、そして石斧・鉄斧が大規模なぐすくの造営に無くてはならないものだったことがわかります。

鉄の材料の砂鉄や鉄鉱石を産しない沖縄島において、大規模なぐすくの造営と時を同じくして鍛冶職人の仕事も活発化し、多くの金属製品が鍛造《たんぞう》されるようになりました。『おもろさうし』の石へつ・金へつ、石おうの・鉄おうのを国王や神女や貴人が作り、石を積み上げる、というおもろで表現されているのは、まず大規模な建造物の造営を可能にした鉄製の工具への賛美です。それと同時に、効率的に石が割られ、組み合わされ、ぐすくの石垣が建ち上がっていくことを神の仕業のようだと驚嘆した無数の人々がおもろの背後にいた、と筆者は考えます。

なお、真栄平房敬氏は尚真王時代の一五〇一年に築かれた琉球国王歴代の墓所、玉陵《たまおどん》について多角的に述べます。[18] 氏は最後の王世子《おうせいし》（王の後継となる王子）だった尚典侯爵の妃、野嵩按司加那志《のだけあじがなし》の一九三四年の御送葬《ぐそうそう》（王、王妃、世子、世子妃の葬礼にだけ使う言葉）の前日、玉陵の屋根型石造門の両側の両石垣のそれぞれ幅四間《けん》（約七・二七メートル）くらいの部分がくずされ、御送葬のための非常通路がつくられる、と述べます。氏によると玉陵の外廓石垣及び廓内の中石垣に設けてある二つの石門の幅は、いずれも故意に霊柩龕《れいきゅうがん》の幅より狭くなっており、御送葬の際は石垣をくずして非常用通路を作り、埋葬の儀式がすむと夕暮れまでの限られた時間内に石を積み直して通路を塞いだ、といいます。

その石を積むやり方は「普通の石積みのように斧（石ユーチ）を片手にゆっくり石積みするわけにはいかない。」ので未熟練工が石

玉陵（那覇市文化財課）

を積む役目となり、熟練工達は「築き上げられていく石積みを見ながらそれぞれの部分に適する石を見つけ出しては「ハイ、この石をこの部分に積み上げよ」等と指示する。」のだそうです。真栄平氏は「熟練者は石積みはしないで石を見つけ出して手渡す役目、未熟練石工が実際の石積みをする役目という普通とは逆の方法を行う。」と説明しています。

この真栄平氏の指摘から、昭和初期の沖縄の石工が石を斧で削り石垣を積み上げていた、ということがわかります。この石工の技は大規模なぐすくの石垣を積み上げたぐすく時代の石工から連綿と伝えられたものである、と筆者は考えます。

造営のおもろと歴史的事象

『おもろさうし』のおもろがどのような状況で作られ、謡われたのか、ということがはっきりしている用例はあまり多くありません。その中で橋や杜の造営を謡ったおもろが歴史的事象と結び付くことがあります。そのひとつが次のおもろです。

巻十二-七四一
一大君《きみ》ぎや　守《まぶ》る／てだが末《すへ》按司《あぢ》襲《おそ》い／天ぎや下／末勝《すへまさ》て　ちよわれ
又精高子《せだかこ》が　見守《みまぶ》ろ／末勝《すへまさ》る王《わう》にせ
又御肝内《おぎもうち》の　御左右《さう》ぜや／明《あ》けとまに　譬《たと》へて
又あよが内《うち》の　御左右《おさう》ぜや／明《あ》け立《た》ちに　譬《たと》へて
又君《きみ》ぎや世ねん　げらへて／主《ぬし》ぎや世ねん　げらへて

又雲子橋《くもこはし》　掛《か》けわちへ／見物橋《みものはし》　掛《か》けわちへ
又浦添《うらおそい》に　ちよわちへ／世の頂《つぢ》に　ちよわ（ち）へ
又威部《いべ》の祈《いの》り　召《め》しよわちへ／司祈《つかさいの》り　召《め》しよわちへ
又司数《つかさかず》　誇《ほこ》りよわちへ／あぬし数《かず》　誇《ほこ》りよわちへ
又照るかはむ　誇《ほこ》りよわちへ／又いち（ろ）子《こ》む　誇《ほこ》りよわちへ

（大君、霊能高いお方が守護する太陽の末裔の国王様、行末勝れる王様、〈国王様は〉明け方に譬えられるお心内の御叡慮をなさって、君神女、主神女はよねん〈未詳語〉を造営されて、美しい橋、見事な橋を掛け給いて、浦添、世の頂にましまして、イベ〈聖域の中で最も神聖な部分〉の祈り、司〈神女〉祈りを召し給いて、たくさんの神女達が喜び誇り給いて、てるかは・一郎子〈太陽神〉も喜び誇り給いて、〈国王様は〉天下で行末勝れてましませ。）

このおもろは「尚寧《しょうねい》王加那志《かなし》御代」の「万暦《ばんれき》三十五年丁未の年、君手擦《きみてづ》りの百果報事《もゝがほうごと》の時に、十月十日　己《つちのと》の巳《み》の日の丑《うし》の時に、聞得大君《きこゑぎみ》のみ御前《まへ》より給申候」の詞書を持つ七四〇~七四二の一連のおもろ群のうちの一点です。「君手擦《きみてづ》りの百果報事《もゝがほうこと》」については諸説ありますが、キミテヅリは国王を言祝ぐために出現する神または神事であり、島村幸一氏は「君手擦りは「世」が衰えた時に、不定期に、あるいは、数年の間をおいて出現し、霊的な力によってそれを取り除き、国王の「寿」を言祝ぐ神、あるいは神事だと考えた方がよいのではないか。」と説明しています。なお万暦三十五年は西暦一六〇七年です。

島村幸一氏はこのおもろを「君手擦りの十年前の万暦二十五年に尚寧王が行った、首里から浦添に至る道の途中にある大平橋（平良橋）の木橋から石橋への掛けかえ工事、および取りつけ道路の石畳化事業の事績が謡い込まれている。」と説明しています。[2] なぜそれがわかるかというと、その工事の竣工記念碑である「浦添城の前の碑」（表文）の文章と七四一のおもろが関連しているからです。

島村氏によると「浦添城の前の碑」には「たひらもり　おしあけもり　いしらこは　ましらこは　おりあけわちへ　つミあけわちへ　くもこはし　ミ物はし　かけよわちへ　わたしよわちへ　ミしまよねん　くにのまてや　このミよわちへ　けらへよわちへ　てゝ

いのりめしよハちやるに〈大平橋のある平良杜・押しあげ杜に、石らご・真白ご〈石の美称語〉を織りあげ給いて積みあげ給いて、美しい橋・見事な橋を架け給いて渡し給いて、御シマのよねん〈未詳語〉・国のまて〈未詳語〉を造り給いて整え給いてと、お祈りなさったので）」という詞句、ほか七四一のおもろと関連する文言があります。島村氏は「七四一のオモロは、大平橋を石橋にし聞得大君を浦添城に招いて祈願の儀式をしたという、十年前の国王の事績を称えた碑文と関わっており、これを謡うことによって国王を称え、王権の強化がはかられるウタだと考えられる。」と説明しています。

おもろに登場するのは高級神女達です。高級神女職には王家の女性が就任しました。聞得大君を頂点に、大君（煽《あお》りやへ、差笠《さすかさ》、首里大君など）、君といった神女職についた王家の貴婦人たちが身内でもある国王を守護する儀礼を行い、その時に謡われたおもろは『おもろさうし』の神女おもろ群として今に伝えられています。

このおもろで祝福される尚寧王は薩摩の琉球侵攻（一六〇九年）当時の国王です。尚寧王は尚王家の分家で浦添を拠点としていた尚真王の長男の末裔の尚懿《しょうい》の子で、前王の尚《しょう》永《えい》王の娘婿にあたります。島村氏は万暦三十五年の君手擦りの神事の時に高級神女職に就いていた王家の女性達の具体名を次のように推定しています。

・聞得大君＝前王尚永の二の姫君、月嶺
・煽りやへ＝前王尚永の長女、蘭叢で寧王の妃にあたる人物
・差笠＝尚永の妃、坤功
・首里大君＝尚永のきょうだいで寧王の御母、一枝
・精の君＝聞得大君、月嶺の娘か

島村氏は「推定が正しければ、全てが寧の義父、前王尚永に関わる「王家」の女性達」で、「尚寧のヲナリ神によって君手擦りのオモロは謡われ、国王は霊的に守護されたのである。」と説明しています。このヲナリ神とは琉球の生き神信仰の神です。琉球には兄弟（ヱケリ）に対して姉妹（ヲナリ）は霊的に優位で、兄弟を姉妹が守護する、とする信仰が

あります。
尚寧王を守護する高級神女群が、尚永王の娘達や妃、尚寧王の母などによって構成されている可能性と具体的な工事の事績を知った時、難解で曖昧模糊《あいまいもこ》とした七四一のおもろの詞句が、生き生きとしてくる、と筆者は考えます。具体的には、雲子橋・見物橋は木橋から石橋になったからこそ雲子・見物（美しく見事な）という美称がなされたのです。そして尚寧王は身内の女性達のヲナリ神としての霊力に守護されるヱケリとして、「末勝《すへまさ》てちよわれ」と治世の未来を言祝がれたのです。

また、次の屋良座杜（ぐすく）造営のおもろも「やらざ杜城の碑文」（一五五四年）と関わるおもろです。このおもろは「尚清王加那志御代《しょうせいおうがなしみよ》　嘉靖《かせい》三十二年五月四日　己《つちのと》の酉《とり》、屋良座杜《やらざもり》の野祓《まうはら》いの時に、君真《きみま》物のみ御前《まへ》より拝《おが》み申みせゝる、天継《つ》ぎの按司襲《あんじおそ》い加那志《がなし》、天の御み事に、ゑと作《つく》り申候（尚清王様の御代　一五五三年五月四日己酉、屋良座杜の祓い浄めの儀式の時に、君真物神の御前より拝み申すミセセル、尚清王様のお言葉でゑとおもろを作り申しそうろう）」と記され、屋富祖《やふそ》の大親雲上《やくもい》、越来《ごゑく》の大親雲上《やくもい》、国場《こふば》の大親雲上《やくもい》、国吉《くによし》の大親雲上《やくもい》の四名の名が連記されています。島村幸一氏はこのおもろが国王の「御み事（詔）」を受けて、四名が官人である立場からおもろを作ったと理解される、と述べています。[2]

巻十三－七六三
一天継《つ》ぎの御左右《さう》ぜ／大君《おおぎみ》は　崇《たか》べて／屋良座杜《やらざもり》　石《いし》ら子《ご》は　織《お》りあげて
　十百末《ともゝすへ》　精軍《せいいくさ》　寄《よ》せるまじ
又王《わう》にせの御このみ／精高子《せだかこ》は　宣立《のだ》てゝ／八重座杜《やへざもり》／真石《まし》ら子《ご》は　積《つ》みあげて
　十百末《ともゝすへ》
又聞ゑ《きこ》天継《つ》ぎの／世の左右《さう》ぜ　召《め》しよわちへ／奥《おく》の澪《みよう》　石《いし》ら子《ご》は　織《お》りあげて
　十百末《ともゝすへ》
又鳴響《とよ》む王《わう》にせの／世の左右《さう》ぜ　召《め》しよわちへ／奥《おく》の海《うみ》の　真石《まし》ら子《ご》は　積《つ》みあげて
　十百末《ともゝすへ》
又聞得《きこへ》大君《ぎみ》ぎや／屋良座杜《やらざもり》　ちよわちへ／だしきや釘《くぎ》　差《さ》しよわちへ／十百末《ともゝするゑ》

又鳴響《とよ》む精高子《せだかこ》が／八重座杜《やへざもり》　ちよわちへ／あざか　がね　留《とゞ》めば／十百末《ともゝすへ》

（尚清王のご叡慮で聞得大君を祈って、屋良座杜に石を織り上げて、千年末まで敵軍を寄せつけるまい、王様のお考えで霊力の高い人を祈って、八重座杜に石を積みあげて、千年末〈まで敵軍を寄せつけるまい〉、名高い尚清王の世のお考えを召し給いて奥の海に石を積みあげて、千年末〈まで敵軍を寄せつけるまい〉、鳴り轟く王様の世のお考えを召し給いて、奥の海に石を積みあげて、千年末〈まで敵軍を寄せつけるまい〉、聞得大君が屋良座杜にましまして聖木ダシキヤの釘を差し給いて、千年末〈まで敵軍を寄せつけるまい〉、鳴り轟く霊力高い人が八重座杜にましましてアザカやゲーンを留めたからには、千年末〈まで敵軍を寄せつけるまい〉。）

　このおもろは尚清王が那覇港の守りとして造営した屋良座杜のおもろです。杜の造営の最後に聞得大君が聖木のダシキヤで作った釘を差し、琉球青木（あざか）とすすき（がね）を土地鎮めのためにとめる、となっています。建造物造営の仕上げの祓い浄めの儀式で聞得大君が聖なる植物を使う、という事例は尚真王時代の碑文、「真珠湊碑文」(一五二二年)にも見ることができます。高梨一美氏は「真珠湊碑文」に七六三のおもろと同じ詞章「ダシキャ釘つい差しよわちへ アザカカネ留めわちへ」があることを指摘し、「天上から降臨した君々が、神聖な草木で作った釘(杭)や呪物を、道・橋・城塞などの建造物の要所に突き刺したり結び留めたりして、魔除けの呪いを施し、建造物が永遠に堅固であるように祝福したと考えられる。」と説明しています。[19]

あざか

屋良座杜ぐすくは那覇港防衛のために造営されました。その造営の際に謡われたおもろには、国王の叡慮によって今まさにたち上がっていく屋良座杜の姿が描写されています。おもろ世界の造営のおもろが祭祀幻想のみを謡っているわけではなく、現実と繋がっていることをこれらのおもろは明確に示しているのです。

何を「げらへる」のか

さて、造営を謡うおもろの中で最も多く使われる言葉は「げらへる」です。前掲の波之上ぐすくや屋良座杜造営のおもろでは石を積むことを「おり上げる」や「つみ上げる」と表現していましたが、おもろ世界で最も用例が多いのは「げらへる」で、美称辞的な用法も含めると全部で二百十四例あります。ちなみに「おり上げる」は十二例、「つくる」は二十例、「つむ」は十九例、このむ（工む）は十五例、「建てる」は七例、『げらへ』の類語の「しらへ」は三例あり、「げらへる」と同じ意味を持つ場合もあります。

それでは「げらへる」という現代日本人には耳慣れない言葉を改めて確認してみます。「げらへる」は『沖縄古語大辞典』によると「①造営する。美しく作る。②醸す。③立派に執り行う。④料理する。」を意味します。[4] 島村幸一氏は「風葬した骨を取り出して、酒で洗って骨甕に入れる洗骨を「ミクチ　ギレーユン」（御骨をきれいにする）といったりする。〈げらへる〉は、つくり整えるという意味の語なのである。」と説明しています。[2]

『おもろさうし』に「げらへる」に関連する語は二百十四例あり、動詞が百四十例、美称辞としての「げらへ（ゑ）」が七十四例あります。なお「げらへ」と「げらゑ」は同じ言葉です。口頭で謡われたおもろを採録した人物が、聞き取った音声を文字化する際、へに聞こえたらへ、ヱに聞こえたらヱと表記したので、意味は全く同じです。

まず、おもろ世界で何を「げらへる」と謡われているか、みていきます。用例のうち、何を「げらへる」のか、はっきりしている例を分類すると、次のようになります。

・首里城関係の建物や聖域（首里杜、真玉杜、石垣、樋川《ひかわ》門、真物《まもの》御殿《おどん》・精《すへ》の御殿《おどん》、ぐすく御殿《おどん》、歓会《かんかい》門、台所、世添《よそ》わり・つみつけ・百浦襲《ももうらおそ》い・君誇《きみほこ》り、など）＝二十八例
・久米島具志川ぐすく関係の建物（国手持《くにても》ち、金福《かなふく》、君誇《きみほこ》り、など）＝十七例
・倉＝十四例
・ぐすく（波の上ぐすく、久米島の宇根ぐすく、沖永良部島の大ぐすく、など）＝十例

・建物（玉城《たまぐすく》の君誇《きみほこ》り、世ねん、あけしの神女の造営する御殿、精勝《せへまさ》り、など）＝八例
・船＝五例
・聖域（喜屋武《きやむ》杜の神庭、知念《ちねん》杜、園比屋武嶽《そのひやぶたけ》、など）＝四例
・湧水《ゆうすい》＝四例
・米＝四例
・国手持《くにても》ち（玉）＝三例
・大道＝二例
・円覚寺＝二例
・あしやげ（神祀る建物）＝二例
・刀＝二例
・勝連＝二例
・おもろ＝二例
以下一例

・玉陵《たまおどん》（第二尚王家の墓所）
・浮島《うきしま》（那覇港）
・金冑《かなかぶと》
・げらへ勝《まさ》り富《とみ》（船）の航海
・撫《な》で松《まつ》（船材）
・並木

用例には首里城に関するものが多いほか、久米島具志川ぐすくに関するものも多いことが目を引きます。そして、建物、聖域、港、大道、湧水整備、造船などの土木建築工事のほか、おもろ作り、金冑や刀作り、米作り、並木整備（植樹）、なども「げらへる」とい

久米中城（現在の宇江城跡，久米島町教育委員会）

う言葉で表現されていることがわかります。すなわち木造、石造、鍛造、農作業、おもろの作詞作曲も「げらへる」というのです。この言葉が建造物の造営のみならず、古語大辞典の「美しくつくる」や「立派に執り行う」を意味している、ということが用例からよくわかります。

ここではまず、親思《おやも》いみ御殿《おどの》こと第二尚氏の墓所、玉陵《たまおどん》（一五〇一年造営）のおもろをみていきます。このおもろでは造営された玉陵が国の上（北）から下（南）まで鳴り轟く、と謡っています。

なお次にあげる四六二のおもろで「げらへる」主体は一見、阿嘉犬子《あかいんこ》（饒波犬子《ねはいんこ》と同じ）のようですが、阿嘉犬子はおもろを作って謡うことを職業にしていたおもろ歌人です。おもろ歌人のおもろでは、おもろ歌人がまず名乗り、それからおもろを謡い出す、という形式をとっています。そのためここでは阿嘉犬子は親思いみ御殿が造営されて国中に名高くなったことを賛美しているのであって、造営に携わったわけではありません。

巻八‐四六二
一阿嘉犬子《あかいんこ》が／上下《かみしも》　鳴響《とよ》む／親思《おやも》いみ御殿《おどの》　げらへ
又饒波犬子《ねはいんこ》が／上下《かみしも》
（おもろ歌人、阿嘉いんこ・饒波いんこがおもろを謡い申し上げる、国中に鳴り轟く親思いみ御殿を造営して。）

また、久米島仲里村儀間の人物の造営を謡ったおもろがあります。島村幸一氏は福地儀間の主の対語が「良かる儀間の主」で「良かる」という対語がくるとおもろ歌唱者をいう用例が多い、としています。[3] そして「おもい　乞て」の「おもい」を神女名か、としています。五六八のおもろに登場する「かさす若てだ」は久米島の英雄的人物で、おもろでは宇根ぐすく（大ぐすくと同じ）の造営が謡われています。そして、「ぐすく　げらへ」と「門　建て〳〵」と、同じ造営についてもそれを表現する言葉が異なっています。前掲の首里城歓会門造営おもろ（5頁）は、門を「げらへる」と謡っていました。このおもろの

「げらへ」と「建てゝ」がどのような理由で謡い分けられたかを筆者は説明できませんが、とても興味深く思います。

巻十一-五六八
一福地《ふくじ》儀間《ぎま》の主《しゅ》よ
良《よ》かる儀間《ぎま》の主《しゅ》よ
おもい　乞《こ》て　げらへ
又宇根《うね》ぐすく　げらへ
大ぐすく　げらへ
又かさす若《わか》てだよ
真物若《まものわか》てだよ
又石門《いしぢやう》は　建《た》てゝ
金門《かなぢやう》は　建《た》てゝ

一福地儀間の主よ（おもろを謡い申し上げる）
良き儀間の主よ（おもろを謡い申し上げる）
おもい（神女名か）を招いてぐすくを建てよ
又宇根ぐすくを建てよ
大ぐすくを建てよ
又かさす若てだは
真物若てだは
又石門を建てて
金門を建てて

そして次の二点のおもろは「首里《しより》（ぐすく）　おわる　てだこ」こと、首里城の国王が主体となる造営おもろです。七五三は那覇港を、七五五は首里城正殿を造営するおもろです。那覇港が浮島《うきしま》と表現されているのは、那覇が十五世紀まで島だったからです。七五三では、那覇港に唐（中国）や南蛮（東南アジアの国々）の船が集まることを謡っています。また七五五の百浦襲《もゝうらおそ》いとは、多くの浦、こと港湾集落を支配することを意味します。島嶼の集合体であり、港湾集落を多く持つ琉球にあって、多くの浦を支配することは王者の条件です。百浦襲いが首里城正殿を意味するのは、そのような理由があります。

巻十三－七五三
一首里《しより》　おわる　てだこが／浮島《うきしま》は　げらへて／唐《たう》　南蛮《なばん》　寄《よ》り合《や》う　那覇泊《なはどまり》
又ぐすく　おわる　てだこが
〈首里にましますてだこ〈国王様〉が、ぐすくにましますてだこ〈国王様〉が、那覇港を造営して、中国、東南アジアの国々（の船が）寄りあう那覇港よ。）

巻十三-七五五
一首里《しより》　おわる　てだこが／百浦襲《もゝうらおそ》い
げらへて／玉走《たまはし》り　玉遣《たまや》り戸《と》　見物《みもん》
又ぐすく　おわる　てだこが
（首里にましますてだこ〈国王様〉が、ぐすくにましますてだこ〈国王様〉が首里城正殿を造営して、美しい走り戸の見事なことよ。）

また次の五八二は久米島の有力なぐすく、

久米具志川ぐすく（現在の具志川城跡，久米島町教育委員会）

具志川《ぐしかわ》ぐすく造営のおもろです。具志川ぐすくを、おもろでは具志川の真玉内《まだまうち》、金福《かなふく》の真《ま》玉内《だまうち》と表現しています。久米島の沖合いは那覇港と福建省の間を往還する船が必ず通ります。中国や日本の船が具志川ぐすくの沖を通っていたかつての情景をおもろは写し取っています。このおもろの「せに」は富の象徴の酒を示す場合と銭を示す場合があります。このおもろの「せに」がどちらを意味しているかは、わかりません。金《こがね》は黄金や宝物を意味します。

そして八七〇の今帰仁ぐすく造営のおもろは、今帰仁ぐすくのうねるような城壁のあり方を百曲《もゝまが》りと表現しています。そして「珈玻躍《かはら》寄せぐすく」の「珈玻躍」は、琉球の神祀る高位の神女が首に掛けていた玉飾りの中央の大ぶりの勾玉を意味します。勾玉に象徴される富が集まってくるようなぐすくを造営する、とおもろは謡っています。

巻十一－五八二
一具志川《ぐしかわ》の真玉内《まだまうち》は／げらへて／良《よ》く　げらへて／勝《まさ》りゆわる精高子《せだかこ》

又金福《かなふく》の真玉内《まだまうち》は／げらへて
又唐《たう》の船《ふね》せに　金《こがね》／持《も》ち寄《よ》せるぐすく／良《よ》く　げらへて
又大和船《やまとふね》せに　金《こがね》／持《も》ち寄《よ》せるぐすく
（具志川の真玉内を造営して、金福の真玉内を造営して、中国の船がせにや金を持ち寄せるぐすく、日本の船がせにや金を持ち寄せるぐすく、よく造営して、勝れ給う霊力豊かなお方）

巻十三-八七〇
一聞《きこ》る今帰仁《みやきぜん》／百曲《もゝまが》り　積《つ》み上《あ》げて／珈玻瓈《かはら》寄《よ》せ御ぐすく　げらへ／又鳴響《とよ》む今帰仁《みやきぜん》
（名高い今帰仁に、鳴り轟く今帰仁に、曲折した城壁を積みあげて、玉を寄せる御ぐすくを造営して。）

また、次のように倉を造営する、というおもろもあります。一〇〇二では越来《ごえく》の支配者（世《よ》の主《ぬし》）が古謝《こじゃ》の、神が天降《あまお》りするような高所に六本柱の高倉を造営することが謡われています。
そして一三二六は玻名《はな》城《ぐすく》に造営された倉を賛美したおもろです。玻名城を島村幸一氏は沖縄本島南部で有数の規模を誇る多々名《たたな》ぐすく、としています。そして先学が「出土遺物にはグスク土器を主体として青磁・褐彩陶器などがあり、一四－一五世紀のものが主体となっている」ぐすくである、と述べていることを指摘しています。[3]どちらのおもろも地方で権勢を誇った男性支配者のもと、富に溢れる倉が造営されたことを謡っています。

巻十四－一〇〇二
一越来《ごゑく》世の主《ぬし》の／古謝《こぢや》降《お》り頂《つぢ》に／六股《むつまた》は　げらへて／上下《かみしも》の　見物《みもん》する　御倉《くら》
又揚《あ》がる世の主《ぬし》の
(越来世の主の、揚がる世の主の、古謝の高所に六本柱の高倉を造営して、国中の人々が見てすばらしく思うことよ。)

巻十九－一三二六

一　聞ゑ《きこ》玻名城《はなぐすく》／百倉《もゝくら》　引《ひ》き連《つ》れる／御倉《くら》　げらへ／又鳴響《とよ》む玻名城《はなぐすく》

（名高い玻名城、鳴り轟く玻名城、多くの倉を従えている御倉を造営して。）

また、浦添市の城間《ぐすくま》の神祀る建物、あしゃげの造営を謡ったおもろもあります。一一一二の城間の飽かず庭と中頭郡嘉手納《かでな》の屋良《やら》にある屋良座嶽《やらざたけ》の日傘松の関係はわかりません。

巻十五－一一一二

一　城間《ぐすくま》の飽《あ》かず庭《みや》に／げらへ四隅家《よしみや》あしやげ　げらへ／又屋良座嶽《やらざたけ》の／日傘松《ひがさまつ》よ

（城間の飽きない神庭に、屋良座嶽の日傘松よ、立派な長方形のあしゃげを造営して。）

なお、当時の建造物は瓦葺のものはほとんどなく、倉や神祀るあしゃげなどは茅葺か板葺で木造だったと推定されます。石井龍太氏は首里城跡から「高麗系瓦」や「大和系瓦」も出土しているのですぐ時代には瓦が葺かれていた時期があったのがわかる、と説明しています。[20] そして石井氏は十五世紀の記録によれば首里城は板葺であり、いつの頃か瓦葺をやめ、板葺にしてしまったということになる、と述べています。瓦を恒常的に生産しなかった場合、壊れた瓦を補充できず、古い瓦を葺いた屋根は一度壊れると修理できないので徐々に姿を消していった、というのです。

瓦を用いない建物は比較的たやすく造ることができます。奄美群島の与路島の住居や村

倉（海洋博公園・沖縄美ら海水族館）

落について詳細に分析した石原清光氏は、かつての与路島の男子は大工仕事の心得があることが普通だったこと、そして柱を地中に埋める埋柱家《ウズムバリャヤ》という掘立て造りの家屋は最低限の道具で木材や葛、茅があれば確保できる建築物である、と述べています[21]。このかつての与路島の埋柱家のあり方は、おもろ時代の建造物を考察する際、参考になります。

すなわち、ぐすくの石垣や首里城の建物のような大規模な建造物を除き、倉やあしやげや小規模な建物は大工仕事の心得のある男性達がそれほど時間を掛けずに造った、と考えられます。台風の襲来が多い南西諸島にあっては、簡易な造りの木造の建物は倒壊しやすかったはずです。おもろ時代から近代にかけて、そこかしこで「げらへる」情景が見られたのではないか、と筆者は考えます。

誰が「げらへる」のか

ぐすくの石垣を積み上げるのは石を扱うことに長けた石工であり、建造物を造営するのは大工や職人です。しかし、前述したようにおもろ世界には男性支配者や神女や神がぐすくを造営すると謡うおもろ群があります。ここでは誰が「げらへる」主体となるのか、という視点で用例を見ていきます。

まず、細工人（大工、石工）が造営する、というおもろがあります。それは大工が建造物を造営するので、当たり前の情景を謡ったおもろ、ということができます。造営を担うのは首里若細工《わかさいく》・ぐすく若細工《わかさいく》（首里城の若い細工人、二三二）、あまみきよが真細工《まさいく》・しねりやこが真細工《まさいく》（あまみきよ、しねりやこが勝れた細工人、二四〇）、あまみやから真細工《まさゐく》・しねりやから真細工《まさゐく》（あまみや、しねりや時代からの勝れた細工人、一〇二三）です。そして思《おも》ひまたふき・愛《かな》しわうしやく（人名、二二二）が「米思《よねも》いは　げらへて（米作りをして）」

と謡うおもろもあります。これらは、神話世界の神、建築を担う大工、米作りを担う人物が「げらへる」おもろです。また、おもろ歌人がおもろを作ることを「げらへ・しらへ」と表現するおもろも四二八にあります。これもおもろ歌人が仕事を果たしている、ということができます。

ここでは一〇二三の知念杜造営のおもろを取り上げます。知念杜は知念村にある聖域で、第二尚王統の聖地でもありました。『おもろさうし』巻二十二には知念久高行幸之御時おもろ群が記載されており、知念大川での儀式で知念杜のおもろが謡われたことがわかります。あまみや、しねりやは神話的古代の意味です。神々が聖域を造営した神話的古代からの伝統を受け継ぐ細工が聖域のぐすくを造営する、とは始原の神が聖域を造ったようにおもろ時代の細工人がぐすくを造ることを意味します。

巻十四‐一〇二三

一あまみやから　真細工《まさゐく》／知念杜城《ちへねんもり》　げらへて／げらへやり／按司襲《あんじおそ》い　みおやせ

又しねりやから　真細工《まさゑく》／大国杜《ぢやくにもり》　げらへて
（あまみやからの勝れた細工人は知念杜ぐすくを造営して、しねりや時代からの勝れた細工人は大国杜〈知念杜の美称〉を造営して、造営しやって、按司様に奉れ。）

そして、ぐすく造営の際に石工や大工のように直接工事に関わるのではなく、工事を発注した立場、また監督のような立場で関わったのかもしれない、と思わせる人物達が「げらへる」おもろがあります。その人物達とは、次の男性達です。なお国王に続く四人の人物のおもろの二例ずつの用例は、ほぼ同じおもろが二つの巻に重複記載されている例で、同じ用例が二つずつ、ということになります。

・国王（按司襲《あんじおそ》い、てだこ、首里国《しよりくに》なる按司《あんじ》、東方《あがるい》の大主《ぬし》などと呼ばれる）＝十二例
・仲地真五郎子《なかちまころく》（久米島具志川村仲地の人物）＝二例
・おぎやか真強《まぢよ》く思《も》い（久米島具志川村の人物）＝二例

・伊敷索掟《いしけなはおきて》（久米島具志川村嘉手苅地内の伊敷索の役人）＝二例

・金加那志《かねがなし》（島尻郡玉城村の人物）＝二例

以下一例

・具志川《ぐしかわ》按司（久米島具志川の支配者）

・石原《いしやら》世《よ》の主《ぬし》（糸満市伊原の支配者）

・越来《ごゑく》世の主《ぬし》（沖縄市越来の支配者）

・ゑんこ鳴響《とよ》た主《しゅ》（久米島の人物）

・喜屋武杜《きやむもり》大ころ（具志川市喜屋武杜の長老）

・永良部《ゑらぶ》立つあす達《た》（沖永良部島の長老達）

・誇《ほこ》りころがま（勝れた男）

・久手堅《くでけん》のまちやり子《きよ》（島尻郡知念村久手堅の人物）

・源河《ぎんか》成《な》り思《よも》ひ（名護市源河の人物）

これらの男性達のうち、国王、具志川按司、石原世の主、越来世の主などは造営の発注者ではないでしょうか。そしてほかの男性達は造営の工事現場に監督や指導者として居合わせた可能性は十分ある、と考えます。そのような男性達が「げらへる」の主体となるのはよく理解できます。

その具体的な用例は次のようになっています。二二〇は国王による首里城の樋川門造営のおもろです。おもろでは門を造営し、国中を統一する門を打って奉れ、と謡われていいます。このおもろの上下は国の北から南までを意味します。王城の門と門が国の支配の象徴となっていることをとても興味深く思います。八五九は奄美群島の沖永良部島のおもろで、長老達が大城を造営することを謡っています。そして一〇三四は喜屋武杜の長老が神祀りの庭を造営したこと、一三三二は石原世の主が造営したぐすくが敵軍を寄せつけないぐすくであることを謡っています。

巻五 - 二二〇

一聞《きこ》ゑ按司襲《あぢおそ》いが／樋川門《ひがわぢやう》は　げらへて／上下《かみしも》　揃《そろ》ゑる　世の門《とで》
打《う》ちちゑ　みおやせ
又鳴響《とよ》む按司襲《あぢおそ》いぎや
（名高い按司〈国王〉様が、鳴り轟く按司〈国王〉様が樋川門を造営して、国中を揃える世の門を打って奉れ。）

巻十三－八五九
一永良部《ゑらぶ》　立《た》つ　あす達《た》／大ぐすく　げらへて　げらへやり／思ひ子《おもぐわ》の　御為《ため》
又離《はな》れ　立《た》つ　あす達《た》／大ぐすく
（永良部島に立つ長老達、離れ島に立つ長老達、大城を造営し造営しやって、思い子の御為に。）

巻十四－一〇三四

一喜屋武杜《きやむもり》大ころ／大ころが　げらへたる真庭《まみや》に／遊《あす》べく　やちよく
又喜屋武杜《きやむもり》の中杜《もり》／げらへたる真庭《まみや》に
（喜屋武杜の長老が、喜屋武杜の中杜に造った神祀りをする広場で、遊べ遊べ村頭の妻女達。）

巻二十‐一三三二
一石原《いしやら》たうぐすく／良《ゆ》かるたうぐすく／神《かみ》てだの／守《まぶ》りゆわるぐすく
又石原世《いしやらよ》の主《ぬし》の／げらへたる御ぐすく
又軍《いくさ》　寄《よ》せるまじ／敵《かたき》　寄《よ》せるまじ
（石原の平地のぐすく、良かる平ぐすく、石原世の主の造営した御ぐすく、軍を寄せるまい、敵を寄せるまい、太陽神の守り給うぐすく。）

このように男性達が「げらへる」主体となった場合、実際に造営の現場で働く細工人、造営の発注者、現場監督のような立場の人がいた、ということがわかります。

その一方、女性神女が「げらへる」主体となる場合があります。王府祭祀を担う次のような高級神女が「げらへる」場合があります。なおあけしのは『おもろさうし』に今帰仁ののろとしての用例があり、高級神女といえるのか、という問題があります。ただ、この神女名は王族の貴婦人が聞得大君職に就任する成《せい》巫《ふ》式で授かる神名であり、聞得大君の聖性と本質に深く結び付いています。おもろの中にはあけしのが聞得大君のように振る舞うおもろがあることは、かつて共著で指摘しました。[8] ここではあけしのも高級神女の中に含めておきます。

・あけしの＝二例

以下一例

・君《きみ》加《が》那《な》志《し》

・百《もゝ》度《と》踏《ふ》み揚《あ》がり

・煽《あお》りやへ

君《きみ》・主《ぬし》

この中に国王を宗教的に守護する聞得大君が入っていませんが、「造営のおもろと歴史的事象」の節で掲げた七四一（61頁）の尚寧王の君手擦り百果報事のおもろの「君《きみ》ぎや世ねん　げらへて」「主《ぬし》ぎや世ねん　げらへて」の君や主が、あるいは聞得人君のことかもしれません。

また九一は聞得大君と国王と男性兵士、そして聞得大君直属の三人の神女が登場するおもろで、「又京《きや》の内杜《うちもり》ぐすく／威部《いべ》の祈《いの》り　しよわちへ／又石子《いしらご》は　おり上《あ》げて／板門《いちやぢや》げらへわちへ／又園比屋武《そのひやぶ》は　金比屋武《かなひやぶ》は／司祈《つかさいの》り　しよわちへ／又真石子《ましらご》は　積《つ》み上《あ》げて／金門《かなぢや》　建《た》て直《なお》ちへ（京の内杜ぐすくで威部の祈りをし給いて、石をおり上げて板門を造営し給いて、園比屋武嶽、金比屋武嶽では司祈りをし給いて、石を積み上げて金門を建て直して。）」という詞句があります。首里城の聖域である京の内の杜の最も聖なる場である威部で祈願をし、王城の門近くの園比屋武嶽（金比屋武嶽）で祈願をする神女達の中心となるのは聞得大君です。このおもろで石を積み上げて城壁を構築し、板門や金門を造る、という仕業を行うとされたのは聞得大君なのかもしれません。

高級神女の煽《あお》りやへ、百度《もゝと》踏《ふ》み揚《あ》がり、そしてあけしののおもろの具体例は次のようになっています。なお、これらの高級神女は王族の貴婦人が就任する役職名です。『おもろさうし』の煽りやへおもろ群には、煽りやへ職に就任していた複数の貴婦人の祭祀のあり方が反映している、と筆者は考えます。前述

園比屋武嶽石門（首里城公園管理センター）

のように、尚寧王の君手擦りの百果報事の際、高級神女職に就いていた貴婦人達の個人名は推定されていますが、それはあくまでも例外的で、ここで挙げるおもろの高級神女職に誰が就いていたのかは、わかりません。

次に掲げる一五八では煽りやへが造営するぐすく御殿を天上他界おぼつ・かぐらの聖域のようだ、と賛美しています。二九九は君加那志と国王が並び立ち、造営しているように読めます。三三八は百度踏み揚がりの造営のおもろ、八四二はあけしの造営のおもろです。八四二の上下《かみしも》の上は沖縄島の北方、下は南方を意味します。すなわち上下で沖縄島全体をさします。この上下は尚真王のことを謡ったおもろを多く集成する巻五によく出てくる言葉です。それは、尚真王はじめ国王が国土沖縄に対応する存在であることを意味しています。あけしのが国土沖縄に対応する存在であるなら、それは宗教的に国土沖縄に対応する聞得大君そのもの、と言っていいのではないでしょうか。なおこのことは、かつて共著で指摘しました[8]。

巻四‐一五八
一聞《きこ》ゑ煽《あお》りやへや／ぐすく御殿《おどん》　げらへて／神座《かぐら》の京《けお》の内《うち》に　ある
又鳴響《とよ》む煽《あお》りやへや
（名高い煽りやへは、鳴り轟く煽りやへは、ぐすくの御殿を造営して、天上のかぐらの聖域こそかにある、というほど見事である。）

巻六‐二九九
一聞《きこ》へ君加那志《きみがなし》／思《おも》う様《や》に／げらへ　世の頂《つぢ》　ちよわれ
又鳴響《とよ》む君加那志《きみがなし》／又何時《いつ》む　何時《いつ》む／又聞《きこ》ゑ按司襲《あんじおそ》いや／又鳴響《とよ》む按司襲《あんじおそ》いや
（名高い君加那志、鳴り轟く君加那志、いつもいつも、名高い按司〈国王〉様、鳴り轟く按司〈国王〉様は、思うように造営し、世の頂でましませ。）

巻六‐三三八

一百度《もゝと》踏《ふ》み揚《あ》がりや／世添《そ》う杜《もり》に／友寄《ともよ》せ　げらへ／又君《きみ》の踏《ふ》み揚《あ》がりや
又首里杜《しよりもり》ぐすく／又真玉杜《まだまもり》ぐすく
（百度踏み揚がりは、君の踏み揚がりは、首里杜・真玉杜〈宗教的な首里城〉、世を支配する杜に友寄せ〈倉〉を造営して。）

巻十三－八四二
一聞《きこ》ゑあけしのが／上下《かみ》　鳴響《とよ》む　み御殿《おどん》　げらへ／又鳴響《とよ》むあけしのが
（名高いあけしのが、鳴り轟くあけしのが、国中に鳴り轟く御殿を造営して。）

また、地方の祭祀の場の神女が造営する、というおもろもあります。造営の主体は次の神女です。なお、打ち高は羽地の神女ですが、それ以外は久米島の神女です。そして久米島の用例はすべて重複おもろの用例です。

・差笠《さすかさ》＝三例
・国襲《くにおそ》い＝三例
・精《せ》の君＝二例
・煽《あお》りやへ君《きみ》＝二例
以下一例
・君良《きみよ》し
・打《う》ち高《たか》

この神女名を見たとき、煽りやへ、差笠など王府の高級神女と同名の神女がいることに気付かされます。島村幸一氏は久米島おもろにはおもろ世界で国王を意味する場合が多い按司襲《あんじおそ》いが久米の按司を意味したり、聞得大君との結び付きが強い精高子《せだかこ》の例外的な用法が集中していること、そして王府の高級神女と同名の神女が出現することを指摘しています。[2] 氏は久米島が首里王府にとっては境界の地であり、そこでは地方でありながら高級神女の君と男性歌唱者が一体となっておもろを謡う王権儀礼が行われていたと考えられる、と述べています。また、久米島おもろ世界の煽りやへは久米中城ぐすくとの結び付きが強く、差笠は久米具志川ぐすくを謡うおもろと結び付いている、と指摘しています。

島村氏は『君南風《きみはへ》由来并位階且公事』（一七〇三年成立と推定）所収の「仲里城祭礼之時おもろ」は稲の祭で謡われ、『おもろさうし』所収のおもろと類似した詞章を持つものがあること、「仲里城祭礼之時おもろ」には「あおりやへがふし」で謡われる『おもろさうし』のおもろの詞句がとられていることを指摘しています。島村氏は「あおりやへ」がつく節名は『おもろさうし』の節名の内で最も多いことも指摘しています。久米島で謡われたおもろと『おもろさうし』のおもろの関係を知った時、差笠や煽りやへが久米島おもろに登場する理由がわかってきます。

地方の神女の造営の具体的な用例のうち五七六は煽りやへ君の造営を謡っています。このおもろからは何を造営するのかわかりませんが、岩波文庫版には「船か」とされています[1]。六〇五は「成《な》さが思《おも》い君《きみ》（按司が思う君）」である差笠の造営が謡われています。このおもろからは、何を造営するのかわかりません。一一八四は鼓を高く打ち鳴らすような名の神女による造営を謡っています。

巻十一‐五七六
一煽《あお》りやへ君《きみ》の／げらへ　見物《みもん》／又君襲《きみおそ》い君《きみ》の
又だに　真《ま》御み事る／又実《げ》に　真《ま》御み事る
又赤口《あかぐちや》に　依《よ》い憑《つ》ちへ／又ぜるまゝに　依《よ》い憑《つ》ちへ
又精高子《せだかこ》がみ御前《まへ》／又按司襲《あぢおそ》いがみ御前《まへ》
又百甕《もゝかめ》は　据《す》ゑて／又八十甕《やそかめ》は　据《す》ゑて
又君使《きみつか》い　たりる／又主使《ぬしつか》い　たりる

（煽りやへ君の、君襲い君の、誠に御　詔《みことのり》こそ、実に御詔こそ、赤口〈火の神〉に依り憑き、ぜるまま〈火の神〉に依り憑き、霊能高いお方の御前、按司様の御前、百甕〈多くの酒甕〉を据えて、八十甕〈多くの酒甕〉を据えて、君神女の神迎えの使いに、満ち足りた世界に遣わすことよ、主神女の神迎えの使いに、満ち足りた世界に遣わすことよ、造営したことの見事さよ。）

巻十一－六〇五
一久米《くめ》の差笠《さすかさ》わ／成《な》さが思《おも》い君《きみ》／世　揃《そろ》う　具志川《ぐしかわ》　げらへ／又鳴響《とよ》む差笠《さすかさ》は
（久米の差笠は、鳴り轟く差笠は、按司が思い君、世が揃う具志川を造営した。）

巻十七－一一八四
一聞《きこ》ゑ打《う》ち高《たか》が／げらへたる真羽地《まはねじ》／按司襲《あんじおそ》いが／雲子寄《くむこよ》せぐすく
又鳴響《とよ》む打《う》ち高《たか》が
（名高い打ち高が、鳴り轟く打ち高が、造営したる真羽地は按司様が宝を集めるぐすくだ。）

また、げらへる主体が神の場合もあります。それは二三五のおもろの玉《たま》の御袖加那志《みそでがなし》・

げらへ御袖加那志《みそでがなし》です。そのおもろでは首里城を造営し、国中の戦勝の霊力、戦せぢを奉れ、と謡われています。

巻五‐二三五
一玉《たま》の御袖加那志《みそでがなし》／首里杜《しよりもり》　げらへて／上下《かみしも》の戦《いくさ》せぢ　みをやせ
又げらへ御袖加那志《みそでがなし》／真玉杜《まだまもり》　げらへて／又首里杜《しよりもり》　ちよわる／若《わか》い子孵《きよす》で加那志《がなし》
（玉の御袖加那志は首里杜を造営して、げらへ御袖加那志は真玉杜を造営して、首里杜にいらっしゃる若々しい新生のお方、国中の戦勝の霊力を奉れ。）

この玉の御袖加那志・げらへ御袖加那志については、かつて共著で述べたことがあります。[22] このおもろに続いて記載される二点のおもろの大意を共著から引用します。「げらへ沖縄神女が首里杜・真玉杜に降り給いて、世添うせぢ（世を支配する霊力）を尚真王様に奉れ、神女様が寄り立てば雲子、こがねが寄り満ちて（二三六）。」、「玉の御袖加那志、げらゑ御袖加那志を神も人々も揃って誇り給いて、奥武《あう》の嶽《たけ》大主《ぬし》、なです杜《もり》大主《ぬし》、与論島に降ろして、兵士達にとらせて（一三七）。」です。

二三五ではげらへ（造営する、を原意とする美称辞。次節で詳述）が冠せられる神が、始原の宗教的な首里城、こと首里杜と真玉杜を造営します。この首里城の聖域でまず奉られるのは国中の戦勝の霊力です。げらへる神、玉の御袖加那志・げらへ御袖加那志と若い子孵で加那志の名称は対応しています。「若い」は文字通り若々しいこと、「孵で」はスデ水のスデを意味します。スデ水とは琉球の若水のことで、命の甦りや若返りを促す水です。始原の首里城を造営する神と、そこにいます新生の若々しいお方、という対応です。

この御袖加那志という名称は勝連の名高い按司、阿麻和利《あまわり》のおもろでの呼称、「島知《しまぢ》りの御袖《みそで》の按司《あんじ》」、「国知《くにし》りの御袖按司《みそであんじ》」を思い起こさせます。この袖は衣の袖ですが、他にも意味があります。島村幸一氏は奄美群島の喜界島の方言に帆を「ミスディ（み袖）」ということ、またおもろの中に船の順調な航海を望む詞句として「袖《そで》垂《た》れて　走《は》りやせ」があり、風に従って船が海上を滑走する姿をあらわす表現であることを述べています。[3]

これらのことから御袖加那志の袖には帆、そして帆に風をはらみ滑走する船のイメージも与えられていたかもしれない、と筆者は考えます。

二三六ではげらへを冠せられる沖縄という国土そのものの名の神女が降臨し、尚真王に支配の霊力を奉ります。この神女は始原の首里城を構築した神の化身のような存在で、神女の降臨によって聖域の空間は宝のこがね色の輝きに満ちます。

二三七では玉の御袖加那志・げらゑ御袖加那志を神も人々も揃って誇り給うこと、奄美群島の与論島の奥武の嶽大主・なです杜大主、そして兵士達にとらせることが謡われています。この奥武の嶽大主・なです杜大主と玉の御袖加那志・げらゑ御袖加那志は対になっています。そしてなです杜大主のなですは桑の木を意味します。桑は太陽信仰に関わる聖樹であり、おもろ世界で最も貴ばれた楽器、鼓の材料でもあります。

二三七では兵士達に取らせるものが何かは謡われていませんが、玉の御袖加那志・げらへ御袖加那志が二三五で戦勝の霊力を奉っていたことから、ここでも戦勝の霊力だと考えられます。始原の宗教的な首里城が神によって造られ、そこに始原の国土の女神のような神女が降臨し、神が与論島ゆかりの存在であることを示す、とこのおもろ群を読むことができます。始原の神と武力の根源が与論島にある、とするおもろの存在は、琉球王国を打ち立てた人々が北方から到来したことを示唆しているのかもしれません。

以上のように「誰がげらへるのか」を考察していくと、実際に働いた大工や石工、造営に立ち会った男性達、造営を発注した支配者層、などがいることがわかります。それらの男性達が「げらへる」担い手になるのは、納得できます。それでは神女や神が造営する、と謡う場合は何を意味しているのでしょうか。

琉球の高級神女職には、前述したように王族の貴婦人が就任していました。彼女達は国王の母であったり妃であったり姉妹や従姉妹だったりしました。そのような現実とは別に、祭祀において彼女達は他界から降臨する神そのものと見なされていました。そのような神女が造営する、ということは神が造営するのと同じ意味を持っています。高級神女や地方の神女が造営した空間は霊力と権勢が溢れるとされていた、と筆者は考えます。また、げらへを冠せられた神が宗教的な首里城を造営する、というのは神の美称と神の仕業が通じ合っています。

人間が営々と長時間をかけて築くぐすくや聖域を神や神女が造営する、と謡うのはぐすくや聖域を賛美する意味もあります。それと同時に、神や神女に造営を託すことにより、ぐすくや聖域を祝福する、という意味もあります。神や神女が造営したぐすくは人間の造営とは異なる霊威があるから輝いている、その輝きは未来の幸福を約束する、という発想もまたおもろから読み取ることができます。

美称辞としての「げらへ（げらゑ）」

「げらへ（ゑ）」には美称辞としての用例もあります。「何を「げらへる」のか」の節で述べたようにそれは「げらへる」に「美しく作る」や「立派に執り行う」という意味があるので、転じて美しい、立派な、勝れたなどを意味するようになったのです。それでは一体いかなるものに「げらへ」という美称辞がついているのかを見ていきたいと思います。

美称辞としての「げらへ（ゑ）」は七十四例あります。その内訳は次のようになっています。

・ゑんげらへ（ゑ）（久米島具志川村仲地の神庭の建物）＝七例
・黍《きみ》げらへ（黍）＝五例
・雪《よき》げらへ（米）＝五例

・げらへ大《おほ》ころ達《た》（首里城の兵士達）＝四例
・げらへきみ（久米島の神女が三例、首里城の神女が一例）＝四例
・成《な》さがげらへ（ゑ）庭《みや》（久米島の兼城杜の神庭）＝四例
・げらへ（ゑ）御袖加那志《みそてかなし》（首里城を造った神の名）＝三例
・げらへ子（精高子の対、久米島の人物）＝三例
・むかげらへ（ゑ）（久米島具志川村仲地の神庭の建物）＝三例
・げらへ国清《くにきよ》ら（久米島具志川の神女、国清ら）＝二例
・げらへ綾鼓《あやつゞみ》（天久のおもろ歌人おもろの鼓）＝二例
・げらへ金富《こかねとみ》（中国へ渡る王府の船）＝二例
・げらへ島討《しまう》ち富《とみ》（王府の軍船）＝二例
・げらへ真《ま》人（首里城の兵士）＝二例
・げらへゆ（よ）らふさ（首里城に降臨を待望される神女）＝二例
・けさげらへ（久米島や大宜味村の建物）＝二例

・まげらへ（ゑ）（久米島伊敷索城の神女が聖域を造営すること）＝二例

以下一例

・げらへあく思《も》い（上里杜にいる貴人）

・げらへあまく思《も》い（浦襲いの貴人）

・げらへ愛《かな》しけ（勝連の人物）

・成《な》さがげらへ神《かみ》（神女が祈願する具志川の神か）

・げらへ清《きよ》ら板門《いちやぢや》（大君が守護する首里城の城門）

・げらへ清《きよ》ら杜《もり》（山城の杜）

・げらゑ鈴鳴《すつな》り（神女）

・げらへせちあら富《とみ》（王府の船）

・げらゑ鳴響《とよ》みよし（浦襲いで造られた船）

・げらへ栄《ふさ》よわる杜《もり》（久米の山城）

・げらゑ真《ま》ごろ達《た》（首里城の兵士達）

・げらへ勝《まさ》り富《とみ》（船名）
・げらへ屛風《みやうふ》（大里の杜の屛風）
・げらへ山城《やまくすく》（久米島の山城）
・げらへ沖縄《ゆきなわ》（首里城に降臨する神女）
・げらへよしみやしやけ（浦添市城間のあしやげ）
・げらへ世誇《ほこ》り（読谷山の泰期〈察度王の弟〉のまします建物）
・君《きみ》げらへ（照るしなの真庭で祈願する神女）
・主《ぬし》げらへ（照るしなの真庭で祈願する神女）
・仲地げらへ（今帰仁の仲地の美称）

これらの用例を分類してみると、次のようになります。

建物（十四例）・神女（十二例）・男性（達）（十例）・穀物（十例）・船（七例）・神庭（四

例）・神（四例）・聖域（三例）・人物（三例）・鼓（二例）・聖域を造営すること（二例）

以下一例

門・屏風・土地

神女、実際にげらへることによって形をなす建物や門、貴人や兵士などの男性達、豊かな収穫物、げらへることによって形をなす船、神、世界を支配する拍子を刻む鼓、神庭や聖域やその造営に関わること、美しい屏風、賑わう土地などに、「げらへ」という美称辞がつく、ということがわかります。

この用例を概観した時、国王や聞得大君には「げらへ」という美称辞がつかないことに気付かされます。また用例もどちらかというと地方のおもろの用例が多いことがわかります。また、「げらへ」は美称する対象の上に付くことが多い語ですが、下にも付く場合があります。つまり「げらへ君」も「君げらへ」もあるのです。このような美称辞は他に「かなし」があります。「かなし」は美称する対象の下につく場合が多く、「のろかなし

（のろ様）」や「かねかなし（かね様、貴人）」などの用例がありますが、「かなし君南風《きみはへ》（君南風神女さま）」や「かなしわうしやく（わうしやく様、貴人）」などの用例もあります。

また、「げらへ清ら板門」や「げらへ栄よわる杜」、そして「げらへ勝り富」のようにげらへ＋清ら、げらへ＋栄よわる、げらへ＋勝り、と美称辞が重なっていることにも目がいきます。これは美称辞の「きよら」も同様で、「意地気《いちへき》きよら按司（勝れた按司）」や「奇《く》せきよらの大のろ（美しく奇しき大のろ）」、そして「てだの若《わか》きよら（太陽の賛美）」のように、意地気＋きよら、奇せ＋きよら、若＋きよら、と美称辞が重なっています。

このような美称辞の重なりと対語対句を多用するおもろのあり方を思う時、おもろがまさに賛美を繰り返す世界だ、ということがよくわかります。

美称辞としての「げらへ」で筆者が注目したいのは「げらへ子」という言葉です。その用例は久米島おもろの六二〇と一四三六との重複おもろに各一例と六四一に一例あり、「精高子《せだかこ》（霊能高い方）」の対語になっています。島村幸一氏は「げらへ子」と対になる「精高子」は按司襲いなどの男性的な人物をいった可能性がある、と述べています。[2]

巻十一－六二〇
一聞《きこ》ゑ精《せ》の君《きみ》ぎや／潮《さい》の花《はな》の／舞《ま》やいど　見物《みもん》
又鳴響《とよ》む精《せ》の君《きみ》ぎや／又大和《やまと》ゑむ　船頭《せど》／又精高子《せだかこ》が前《まへ》に／又げらへ子《こ》が前《まへ》に
（名高い精の君が、鳴り轟く精の君が、大和へも船頭を、霊能高いお方が前に、げらへこが前に、波頭に立つしぶきの舞ぞ、見事である。）

巻十一－六四一
一鬼《おに》の君南風《きみはゑ》や／弥帆《やほう》　引《ひ》ちへ　待《ま》ち居《よ》ら／又襲《おそ》い君南風《きみはゑ》や
又精高子《せだかこ》が前《まへ》に／又げらへ子《こ》が前《まへ》に
又何時《いつ》かてゝ　言《い》ちへ／弥帆《やほう》　引《ひ》ちへ／又早《はや》くてゝ　言《い》ちへ／弥帆《やほう》
又掟《おきて》　遣《や》りよわば
（鬼の君南風神女は、襲い君南風神女は、霊能高いお方が前に、げらへ子が前に、何時かと言って、早くと言って、村役人を遣り給えば、美しい帆を引いて待っている。）

おもろ世界で最も著名な精高子は国王に対応する最高神女の聞得大君です。おもろの「鳴響《とよ》む精高子《せだかこ》」の百四十四例中、ほとんどが聞得大君の対語になっています。そして、精高子も聞得大君や高級神女と対応する場合が多いですが、僅かに男性を精高子と称する場合もあります。島村幸一氏は「精高子」は「大君」と強く結びついた対句を構成する語だが、他の神女と対句になる例外的なケースの二例の内一例は久米島おもろであり、男性的な人物と対句をとるケースは全て久米島おもろの用例であることを指摘しています。[2]

この二点のおもろは航海守護のおもろ、と考えられます。六二〇では大和へ船を遣ること、六四一では戦勝に霊威を発揮したことで名高い久米島の最高神女、君南風の前で帆が引かれることが謡われています。おもろに登場する神女は航海守護に霊力を発揮することが期待されています。その神女が「精高子」・「げらへ子」の御前で祭祀行為を行うのです。「精高子」と対になる「げらへ子」もまた強い霊力ある存在を意味しているはずです。

「霊能高い方（精高子）」と「美しく立派に作る方（げらへ子）」が対になっているのは、霊能高く霊力があるからこそ美しく立派に作れる、という発想があるからではないでしょうか。「げらへ」のあり方に広い意味で霊力や霊能の要素が含まれることを筆者は興味深く思います。

「げらへる」以外の造営に関わる語

おもろには「げらへる」以外にも造営を意味する語や造営に関わりのある語があります。ここではそのような語を見ていきたいと思います。

まず、家や傘などの骨組みや骨格を作る、組み立てる、の意味がある「やぬる」という語があります。紙幅の都合により引用はしませんが四〇には国王が王城の大台所を造営することが謡われています。その詞句は「寄《よ》り満《み》ちへは　やぬて」「せぢ寄《よ》せは　やぬて」で、大台所が国中の良きものが寄り満ちる場所、国中の霊力、せぢが寄せられる場所、とされています。

また、「たくむ」という語があり、計画工夫をすることを意味します。おもろには「たくだる（「たくむ」の語幹に完了の助動詞「たる」がつく）」の用例が四例あり、その内二例は高級神女の君加那志の三一四のおもろで「一　聞《きこ》ゑ君加那志《きみがなし》／たくだる　下司《げす》の／撃《う》ちやりさらめ／又鳴響《とよ》む君加那志《きみがなし》／たくだる　下司《げす》の」となっています。「撃ちやりさらめ」は撃ち取ったのだ」ということを意味しており、下司は按司の下の階層の人です。このおもろでは君加那志が「たくだる」と考えられますが、全体の意味が通りにくいです。

その他の二例は次のおもろにあります。

巻二－七四
一越来《ごゑく》小照《こて》る曲《わ》に／命《ゑのち》伴《とも》襲《おそ》いや
あまみきよが　たくだる　ぐすく
又見物《みもの》小照《こて》る曲《わ》に
(越来の照り輝くぐすく囲いに、みごとな

古民家の屋根の骨組み

照り輝くぐすく囲いに、命伴襲いは、あまみきよが造られたぐすく。）

巻十五 - 一〇六六

一伊祖《ゑぞ》伊祖《ゑぞ》の石《いし》ぐすく／あまみきよが　たくだる　ぐすく／又伊祖《ゑぞ》伊祖《ゑぞ》の金《かな》ぐすく

（伊祖の石ぐすく、伊祖の金ぐすくはあまみきよが造ったぐすくだ。）

七四と一〇六六はあまみきよが越来ぐすくと伊祖ぐすくを造ったことを謡っています。前述のように、琉球の史書『中山世鑑』にはアマミク（あまみきよに同じ）が国土を創世し、聖域を造っていったという記事があります。おもろ世界ではあまみきよは越来ぐすくや伊祖ぐすくも造営するのです。

また石を積むことを意味する「おり上げる」という語が49頁で記したように十二例あります。「おり上げる」が謡い込まれたおもろには、前掲の二一六（38頁）・四七六（50頁）・五二七（45頁）・七六三（67頁）・一二〇四（54頁）のようなものがあります。その他に九一には「石子《いしらご》は　おり上《あ》げて／板門《いちやぢや》　げらへわちへ」・「真石子《ましらご》は　積《つ》み上《あ》げて／金門《かなぢや》建《た》て直《なお》ちへ」（石を積み上げて板門を造営して・石を積み上げて金門を建て直して）という詞句を持つ、王城の聖域である京の内や園比屋武嶽での祈りを謡うおもろがあります。

また、一〇〇と四九〇の重複おもろには首里城の国王が謡われた後、「雲子嶽《くもこたけ》　おり上《あ》げて　煽《あお》りや端《はな》　積《つ》み上《あ》げて」（立派な嶽を積み上げて、首里城の冷傘を立てる端の嶽を積み上げて）、と城内の御嶽の造営に関して「おり上げる」という語が謡い込まれています。そして一〇一では宗教的な首里城を意味する首里杜と真玉杜の造営と祈りが謡われた後に「国中《くになか》の杜《もり》に　世の腰当《こしや》て　煽《あお》りやたて　おりや上《あ》げて」・「揚《あ》がる嶽《たけ》　見《み》やぐむ嶽《たけ》　よつ嶽《たけ》　積《つ》み上《あ》げて」（国中の杜に世の後ろ盾になる拝所、煽りやたてを積み上げて・すぐれた嶽々、拝所のよつ嶽を積み上げて）と、造営されたばかりの始原の首里城に次々に拝所が形をなしていく様子が謡われています。

そして「おり上げる」と対になることが多い「積み上げる」もぐすくや拝所の石垣を積むことを意味します。前掲の五二七（45頁）の波の上ぐすく造営のおもろには「石子《いしらご》はおり上《あ》げて」・「真石《まし》ら子《ご》は　積《つ》み上《あ》げて」という詞句があります。また前掲の今帰仁ぐすく造営の八七〇（81頁）のおもろには「百曲《もゝまが》り　積《つ》み上《あ》げて」とあります。「積み上げる」には他に「鎧を積み上げる」、「積む」には「井泉の水を引く堰を積む」、「玉や金を積む」、「貢物を積む」といった用例があります。

また「石を割る道具」の節で言及しましたが、「このむ（工む）」という言葉も建造物の造営に関わって出てきます。前述の石槌・金槌、石斧・金斧を造る、という用例の他、五六〇とその重複おもろの一四一二には「十尋《いろ》あしやげ　八尋《いろ》あしやげ　こので」（神を招請して祀る広く大きなあしやげを造営して）とあります。その他に、石橋を造る、という次のようなおもろがあります。

巻二十-一三三六
一波比良杜《はひらもり》ぐすく／石橋《いしはし》は　こので／よきあがりしよ／手摩《てづ》て　栄《ふさ》よわれ
又根国杜《ねくにもり》ぐすく

（波比良杜ぐすく、根国杜ぐすく、石橋を造ってよきあがりこそ手を摩って祈って繁栄し給え。）

このおもろには糸満市南波平の波比良杜ぐすくに石橋が造られたことを謡っています。前述のようにぐすく時代には大型のぐすくが造営されるようになり、石を積む技術が飛躍的に発展しました。その技術が石橋の架橋にも生かされたことがこのおもろに表現されているのかもしれません。

また、おもろを作る意味で「げらへ」が用いられる場合があることは前述しましたが、その対語は「しらへ」となっています。そのおもろは次のようになっています。

巻八‐四二八
一おもろ音揚《ねや》がりや　げらへ／宣《せ》るむ音揚《ねや》がりや　しらへ／沖縄《よきなわ》　鳴響《とよ》む
真物内《まうち》　見《み》ちやる

又今日《けお》の良《よ》かる日《ひ》に　げらへ／今日《けお》のきやかる日《ひ》に

（おもろ音揚がりは作り、宣るむ音揚がりは作り、今日の良き日に作り、今日のかかる日に、沖縄に鳴り轟く首里城の聖域の真物内を見たる。）

四二八ではおもろを作って謡うことを職掌にしているおもろ歌人、おもろ音揚がりとその別称の宣るむ音揚がりが作る、と謡われています。何を作るのか、おもろにははっきり謡われていませんが、おもろ歌人が作るものならおもろであると考えます。

また、「しらへ」には他に、小さい蜜柑である九年母《くねぶ》を身に着ける兼城《かなぐすく》大地子《ぢきよ》という人物が「兼城《かなぐすく》しらへ子《きよ》」「しらへ子《きよ》」と謡われるおもろが九八四にあります。

また、「建てる」の用例が七例あり、「建《た》てゝ」が五例と「建《た》て直《なお》ちへ」が二例になっています。前掲の五六八（77頁）では「久米島のかさす按司が石門、金門を建てて」と謡われます。一一〇五は「北谷《きたたん》の男性支配者の世《よ》の主《ぬし》が大神酒を造り酒倉を建てて」と謡われます。そして重複おもろの一二二五と一二五五では「名高く鳴り轟く大城《ぐすく》に見揚《みあ》がる門《ぢやう》を建てて、酒を持ち寄せよ」と謡われます。そして「建て直ちへ」の用例の九一では「石子《いしらご》は　おり上《あ》げて　板門《いちやぢや》　げらへわちへ」と「真石子《ましらご》は　積《つ》み上《あ》げて　金門《かなぢや》　建《た》て直《なお》ちへ」が対になって王城の門の造営を謡っています。「建て直ちへ」の用例のうち、中城ぐすくの用例は次のようになっています。

巻二‐四二
一聞《きこ》ゑ中城《ぐすく》／東方《あがるい》に　向《む》かて／板門《いちやぢや》　建《た》て直《なお》ちへ／大国《だくに》　襲《おそ》う　中城《ぐすく》
又鳴響《とよ》む中城《ぐすく》／てだが穴《あな》に　向《む》かて
（名高い中城、東方に向かって、鳴り轟く中城、てだが穴〈東方〉に向かって、板門を建て直して、大国を支配する中城。）

四二は巻二の巻頭おもろであり、中城おもろ群の最初のおもろです。名高い中城の威勢を表現するのが東方に向かって建て直された板門である、ということをとても興味深く思います。

このように「建てる」の用例では門を建てる、とするものが六例、倉が一例となっています。

また「つくる」の二十例の中にも建物を造る、という用例が二例あります。他の用例はあまみきよ・しねりきよが国土を創る、酒を造る、鼓を作る、矢柄を作る、柱を作る、などとなっています。建物を造る用例は次のようになっています。

巻二十‐一三三八

一山内《やまきた》太郎《たら》兄部《すざべ》／良《よ》かる太郎《たら》兄部《すざべ》

首里城の新しい建物

百年《もゝと》　ちよわれ　み御殿《おどん》
又島寄《しまよ》せは　造《つく》て／里寄《さとよ》せは　造《つく》て
（山内太郎兄部はおもろを謡い申し上げる、良かる太郎兄部はおもろを謡い申し上げる、島寄せ、里寄せを造って、末長くましませ、御殿。）

このおもろはおもろを作って謡うことを職掌にしていた山内太郎兄部が御殿の造営を祝福するおもろです。御殿には島を寄せる、里を寄せる、という名が付いています。この場合のシマは島嶼の島ではなく、南西諸島で集落を意味するシマだと考えられます。シマや里の支配権が集まる、という名の御殿が造られ、おもろによって祝福されたことがわかります。御殿の場所は山城《やまぐすく》（糸満市山城）と考えられます。

また、造営に携わる石工を表現する言葉に細工（さいく、さゐく）があります。用例は十六例あり、石工のほか、船を造る船大工や刀剣の柄鞘《つかさや》の細工をする人を表現する場合もあります。琉球王国時代、日本刀の刀身は琉球に運ばれ、そこで琉球的な意匠をあしらった外装をまとい、東南アジアに輸出されていきました。琉球人の東南アジアでの異称のゴーレスは刀剣を帯びた民族を意味し、彼らのもたらす刀はレケオと称されていました。[23] 鍍金や象嵌などの琉球デザインをまとった刀を細工したであろう人物が「とむこが細工《さゑく》」、「細《さい》工《く》とゞまり」としておもろに名を残しているのは興味深いことです。

なお石工としての細工の用例は、前掲の二四〇（33頁）の首里城を造営して尚真王に奉れ、と謡われる「あまみきよが真細工」、「しねりやこが真細工」、前掲の一〇二三（88頁）の知念杜を造営する「あまみやから真細工」、「しねりやから真細工」があります。そのほか、首里城の御殿の造営を謡ったおもろがあります。

巻五－二三二

一首里若細工《わかさいく》／真物《ま》御殿《おどん》　げらへて／世勝《まさ》りのおぎやか思《も》ひしよ／十百年《ともゝと》　ちよわれ

又ぐすく若細工《わかさいく》／精《すゑ》の御殿《おどん》　げらへて

又大君《きみ》は　崇《たか》べて／又押笠《おしかさ》は　崇《たか》べて／又親《おや》のろは　崇《たか》べて

又今帰仁《みやきぜん》のあす達《た》／誇《ほこ》て　し居《よ》る　使《つか》い
（首里の若い細工人は勝れた御殿を造営して、ぐすくの若い細工人は霊力ある御殿を造営して、大君神女を崇敬して、押笠神女を崇敬して、親のろ神女を崇敬して、今帰仁の長老達が誇りに思うお招きだ、世に勝れた尚真王様こそ永遠にましませ。）

このように「げらへる」以外にも造営を意味する言葉はあります。ただおもろ世界では造営を意味するのは主に「げらへる」である、ということが他の言葉の用例の数からわかります。そして細工が石工や船大工のほか、工芸品を細工する人をさすこともわかります。

石

南西諸島のぐすくは、前述のようにごく小規模な拝所の場合があります。そのほか石垣を持たない土塁《どるい》のみのぐすくもあります。『おもろさうし』の世界で謡われるのは首里城を筆頭に大規模なぐすくが多く、石を積み上げてぐすくを造営する、と謡われることはすでに指摘しました。

それでは『おもろさうし』において石はどのような用例を持っているのでしょうか。まず実際の石や石の付く人名を見ていきたいと思います。

ぐすくに関わる石の用例で目につくのは「石《いし》ら子《ご》」、「真石子《ましらご》」です。前掲の国王自らが石槌・金槌を作って石垣を丈高く幅広くおりあげると謡う四七八（50頁）、波の上ぐすく造営のおもろの五二七（45頁）、屋良座杜造営のおもろの七六三（67頁）、山城の貴人が石斧・金斧を作って石を削ると謡う一三四八（54頁）、「石子《いしらご》は　おり上《あ》げて　板門《いちやぢや》　げらへわちへ」、「真石子《ましらご》は　積《つ》み上《あ》げて　金門《かなぢや》　建《た》て直《なお》ちへ」と謡う九一に用例があります。

また、ぐすくが石ぐすくと謡われている例もあります。それは沖縄市の知花《ちばな》ぐすくを知《ち》花石《ばないし》ぐすく・知花金《ちばなかな》ぐすくと謡う八五、摩文仁石《まぶにいし》ぐすく・摩文仁金《まぶにかな》ぐすくの一三三四、伊《ゐ》祖《そ》の石《いし》ぐすく・伊祖《ゐそ》の金《かな》ぐすくの一〇六六～一〇六八です。その用例は次のようになっています。

巻二‐八五

一知花金城《ちばなかなぐすく》／知花石城《ちばないしぐすく》／百島《もゝしま》　まぢうん　石城《いしぐすく》

又今日《けお》の良《ゆ》かる日《ひ》に／今日《けお》のきやかる日《ひ》に

（知花金城、知花石城、今日の良き日に、今日のかかる日に、多くのシマジマを共にする堅固なぐすくだ。）

巻二十‐一三三四

一摩文仁石《まぶにいし》ぐすく／摩文仁金《まぶにかな》ぐすく／天頂《あまつゞ》は　あいつまに
又黒皮《くろかわ》の　鎧《よろい》　いきやかせ／糸通《いとどう》しに　みなち
(摩文仁石ぐすく、摩文仁金ぐすく、黒皮の鎧を輝かせ、糸とおしの鎧にみなして、最上の所はあいつまに。)

巻十五 - 一〇六六
一伊祖伊祖《ゐぞゐぞ》の石《いし》ぐすく／あまみきよが　たくだる　ぐすく／又伊祖伊祖《ゐぞゐぞ》の金《かな》ぐすく
(伊祖の石ぐすく、伊祖の金ぐすくはあまみきよが工んだぐすくだ。)

巻十五 - 一〇六七
一伊祖伊祖《ゐぞゐぞ》の石《いし》ぐすく／いよやに　襲《おそ》て　ちよわれ／又伊祖伊祖《ゐぞゐぞ》の金《かな》ぐすく
(伊祖の石ぐすく、伊祖の金ぐすく、いよいよ支配してましませ。)

巻十五-一〇六八

一伊祖《ゑぞ》の石《いし》ぐすく／上《のぼ》て　見《み》ちやる　勝《まさ》り／又伊祖《ゑぞ》の金《かな》ぐすく

（伊祖石ぐすく、伊祖の金ぐすくに、上って見たら勝れている。）

摩文仁おもろについては意味が通りにくい箇所がありますが、いずれのおもろも石ぐすく、金ぐすくとすなわち堅固なぐすくと、ぐすくが賛美されています。摩文仁ぐすくの主は黒皮の鎧を身に着けており、彼が武人であることを示しています。

そして伊祖の石ぐすく・金ぐすくおもろの三点は、伊祖ぐすくを造営したのが琉球の創世神のあまみきよであること、そのぐすくを拠点に強い支配力を持つ者がいることを謡っています。伊祖ぐすくは伊祖《ゑぞ》の戦《いくさ》思《も》い（伊祖の戦上手の方）こと英祖《えいそ》王の本拠地だったぐすくです。

英祖王とは十三世紀の琉球の王です。琉球の王統は、次のようなものです。なお英祖王以降は実在した、とされています。

舜天《しゅんてん》王統——父は源為朝、母を按司の妹とする舜天王を始祖とする
英祖《えいそ》王統——日輪が懐に入る夢をみた母の子の英祖王を始祖とする
察度《さつと》王統——母は天女、父は人間という察度王を始祖とする
第一尚王統——尚思紹《しょうししょう》王を始祖とする
第二尚王統——尚円《しょうえん》王を始祖とする

英祖王はやがて浦添ぐすくを本拠地にして王と名乗り、浦添ようどれ（浦添ぐすくの王墓）に葬られました。

若き日の英祖王の本拠地、伊祖ぐすくやおもろに謡われる知花按司のいた知花ぐすくが石ぐすく・金ぐすくと称されていることは、大きな問題を提起しているように思います。石ぐすくは石垣を持ったぐすくです。それでは金ぐすくとは何でしょうか。カナは金《かな》へつや金斧《かなおうの》、そして金冑《かなかぶと》や金門《かなぢや》という言葉からわかるように、鉄を意味します。石ぐすくは

石垣のあるぐすくなので、金ぐすくは鉄のあるぐすく、ということになるのでしょうか。『沖縄古語大辞典』の「石」の項には「「かね」の対語で用いられ、堅固なものの意から転じて美称の言葉となる。」とあります。[4] 確かに石ぐすくや金ぐすくはぐすくの美称とされます。

なお金ぐすくの他の用例には「せしきよ金《かな》ぐすく」があります。「せしきよ」の原義は未詳です。一二七九と一二八〇の用例からは、糸数のぐすくがせしきよ金ぐすくと称され、「良《ゆ》かる金《かな》ぐすく（良い金ぐすく）」、「思揚《おもや》げのぐすく（思い続けあがめるぐすく）」、「玉寄《たまよ》せぐすく（玉を寄せるぐすく）」と称され、てだ（太陽神、男性支配者の意味）がいたことがわかります。

筆者はかつて第一尚氏の本拠地であった佐敷《さしき》の聖域、佐敷杜が佐敷金杜《さしきかなもり》と称されること、金杜の他の用例には屋宜《やぎ》（中城村）、比嘉《ひが》（北中城村）、平安座《ひやむざ》（平安座島）、兼城《かねぐすく》（久米島）、蒲葵杜《こばもり》（久高島）、首里の真壁殿地《まかびとのち》ののろの呼称の一部、があることを指摘しました。[15] そして佐敷には第一尚氏二代の王で沖縄島統一の立役者の尚巴志《しょうはし》にまつわる鉄器の伝承があること、他の金杜のある場所にも豊富に鉄器がもたらされた可能性があることを指摘しました。

そのような豊富な鉄器や鉄製品とは、具体的には金《かな》へつや金斧《かなおうの》、そして金門《かなぢや》や武具の金冑《かなかぶと》や赤《あか》つ金《かね》（刀）、赤《あか》つ綾鋼《あやはかね》・赤《あか》つ奇《く》せ鋼《はかね》（刀）などです。石《いし》ぐすくであり金《かな》ぐすくでもあるぐすくとは、勿論、石や金という美称によって賛美される勝れたぐすくだったのでしょう。それと同時に鉄器によって巧みに成型した石を堅固に積み上げた石垣《いしがき》や金門《かなぢや》をそなえ、鉄製品の部品を使った武具や刀を持った人々が出入りするぐすくだった可能性もある、と考えます。

また、中城ぐすくのおもろに次のようなものがあります。

巻二‐四七

一聞《きこ》ゑ中城《なかぐすく》／上《かみ》の百《もゝ》ぢやらの／思《おも》て　想《さう》ぜて　来《こ》うば
石《いし》と　金《かね》と／合《あ》わちへす　戻《もど》せ

又鳴響《とよ》む中城《なかぐすく》
（名高い中城、鳴り轟く中城、北の大勢の按司達の思って考えて来たなら石と鉄をあわせて戻せ。）

中城ぐすくは周知のように堅牢で美しい石の城壁を持っています。このおもろは中城ぐすくの守りが堅いことを謡っています。それは石を金（鉄器）で成型しながら積み上げた、すなわち石と金の協調によって形をなした城壁の強靭さを示しているのかもしれません。

また、ぐすくの石垣を意味する玉石垣《たまいしかき》という語が二一七（38頁）にあります。前掲のように、このおもろで石垣を積み上げるのは首里城にましますす国王です。

石の他の建造物の用例には石門《いしぢやう》（五六八）、石橋《いしはし》（一三三六）があります。ぐすくの石垣を積むような土木技術が他の石造物にも生かされた、ということができます。

また、瀬名波《せなは》石坂《いしよひら》（一一二三）という瀬名波《せなは》川坂《かわひら》と対語になる語があります。この石《いしよ》坂《ひら》は傾斜した石の坂のことです。また、「つしやこの石」という石もおもろに謡われてい

中城ぐすく（中城城跡）

首里金城町石畳道（那覇市文化財課）

ます。おもろには砂鉄の「つしやこ」や磁性を持った「つしやこ金《かね》」が謡われています。「つしやこの石」のおもろ（一〇五七）では「（第二尚氏第三代の尚清王の名付け親の）沢岻太《たくした》郎《ら》名付《なづ》けてだ（按司）よ、つしやこの石と鉄のように、てだにシヒ（霊力）が付いたなら、殿こそ世にましませ。」と謡っています。

　そして石の付く人名があります。それはおもろ歌人の真石金《まいしがね》（二五二）、大工の棟梁の石金子《いしかねこ》（四五〇）、おもろ歌人の石《いし》てん（五二〇）、おもろを謡う際の音頭取りのいし思《よも》い（七〇一）です。

　このようにおもろ世界の石は石垣の石、磁性によって知られた石、人名の中の石などがあります。

信仰、呪的な石

おもろ世界の石には信仰の対象、あるいは呪的な謡われ方をした石があります。その石についてみていきたいと思います。

まず、知念杜での聞得大君と国王の祭祀を謡った次のようなおもろがあります。

巻七－三四六
一　聞得《きこゑ》大君《ぎみ》ぎや／知念杜《ちゑねんもり》ぐすく／掛《か》けて　栄《ふさ》よわちへ／神座《かぐら》　在《あ》つる
雲子《くもこ》石《いし》　手摩《てづ》て／おぎやか思《も》いに　みおやせ
又鳴響《とよ》む精高子《せだかこ》が　(後略)
(聞得大君が、鳴り轟く霊能高いお方が、知念杜ぐすくで掛けて栄え給いて、かぐらにある
雲子石に手を摩って祈願し、尚真王様に奉れ。)

このおもろには続いて、国王が知念杜の最も神聖な場所にましますこと、聞得大君と国王が知念大川（あさ川、先祖伝来の井泉）にましまして生命の甦りの水を召すこと、首里城の聖域の京《けお》の内《うち》にあるたくさんの手持ち玉のこと、奇《く》せ清《きよ》らの大のろ神女が霊力をきらめかせていること、が謡われています。

また、このおもろは一五三九に重複して記載されています。一五三九は知念久高行幸之御時おもろ群の一五二九から一五四五の内の一点で、「知念大川にて御規式の御時」という詞書がついています。知念杜、そして知念大川での儀礼が第二尚氏の祭祀の中で重要視されていたことがわかります。

このおもろでは天上他界であるおぼつ・かぐらにある聖石、雲子石への祈願が知念杜でなされ、あわせて先祖伝来の知念大川で生命を甦らせる孵《す》で水《みず》を聞得大君と国王が召す祭祀が行われたことがわかります。この雲子石の雲子について、かつて共著で「水」あるいは「（水のもたらす）豊饒」にかかわるものと考察するあり方を提示したことがあります。[8]

そして三四六の雲子石を「水を乞い願うための霊石」と考えたい、と述べました。このおもろは天上から水をもたらす霊石と地下から湧き出す井泉の水の霊力を謡っている、ともとることができます。その霊石が雲子石、という名を持っているのです。

また根石・真石、という石の用例もあります。

巻六-三一六（一五五一との重複おもろ）

一聞《きこ》ゑ君加那志《きみがなし》／根石《ねいし》　真石《まいし》の／有《あ》らぎやめ　ちよわれ

又鳴響《とよ》む君加那志《きみがなし》／又聞《きこ》へ按司襲《あんじおそ》いや／又鳴響《とよ》む按司襲《あぢおそ》いや

（名高い君加那志神女、鳴り轟く君加那志神女、名高い按司〈国王〉様は、鳴り轟く按司〈国王〉様は、根石、真石のある限りましませ。）

巻十一-六二四（七一三・一四八二との重複おもろ）

一聞《きこ》へ精《せ》の君《きみ》ぎや／降《お》れて　群《ぶ》れ舞《ま》へば／末《すへ》　長《なが》く／世　揃《そろ》ゑて　ちよわれ

又鳴響《とよ》む精《せ》の君《きみ》ぎや／降《お》れて　群《ぶ》れ舞《ま》へば
又吾《あ》が成《な》さい子按司襲《きよあぢおそ》い／根石《ねいし》の　天に《てに》　生《う》へ着《つ》くぎやめ
又てだ成《な》さい子按司襲《きよあぢおそ》い／真石《まいし》の　天に《てに》　生《う》へ着《つ》くぎやめ
（名高い精の君神女が天降りして群れ舞えば、鳴り轟く精の君神女が天降りして群れ舞えば、わが父なるお方である按司様は、根石の天に生え着くまで、太陽にして父なるお方である按司様は、真石の天に生え着くまで、末長く世を揃えてましませ。）

三一六と六二四はともに神女祭祀のおもろです。三一六は君加那志が国王の永遠性を祝福しているおもろで、『沖縄古語大辞典』の「根石」の項には「土中にしっかり根を据えている大石。」とあり、『混効験集』に「ねいしまいし」として「長久之事」とあることが紹介されています。[4] 六二四ではその根石真石が天に生え着くまで、すなわち石が生長して天に届くまで按司が末長く支配するように、と謡われています。

このように、おもろから雲子石や根石・真石が霊石として崇敬の対象になっていたことがうかがえます。また『沖縄古語大辞典』にはビヂュルと称する霊石について「ビヂュルは安産や交通安全に霊験があるといわれる上部の丸い石。」とあります。他にも様々な霊石があり、信仰されていた、と筆者は考えます。

また、次のように石に命がある、とするおもろがあります。

巻十一 - 六三五
一こいしのが　さしふ殿原《とのばら》よ／島《しま》でん　国《くに》でん　みおやせ
又こいしのが　むつき
又白木《しらけ》　植《お》ゑて／清《きよ》ら木《け》　植《お》ゑてからは
又島《しま》が命《いのち》／国《くに》が命《いのち》　みおやせ
又石《いし》が命《いのち》／金《かね》が命《いのち》
又珈玻羅《かはら》命《いのち》／手持《ても》ち命《いのち》　みおやせ

（こいしの〈神女〉がさしふ〈神霊の依り憑く役目〉であるところの殿原神女よ、こいしの

〈神女〉がむつき〈神霊の依り憑く役目〉、白い木を植えてからは、美しい木を植えてからは、島が命、国が命を奉れ。石が命、金が命、珈玻玀玉の命、手持ち玉の命を奉れ、島でも国でも奉れ。）

このおもろは久米島仲里のこいしの神女とさしふ・むつき、そして美しい木を植えることと命の献上と島・国をおそらく按司に奉ることが謡われています。木を植えることと命や島・国の献上がどのような呪的発想で繋がっているのかは、わかりません。このおもろの中で対を形成している奉られる命は、島・国、石・金、珈玻玀・手持ち、です。「珈玻玀」は神女が祭祀の際に首に掛ける玉飾りの中央の大ぶりの勾玉を意味し、「手持ち」は玉飾りのその他の玉です。「手持ち」の名は神女の首飾りが数珠を転用したことから来た名称であろう、と『沖縄古語大辞典』にあります。[4]

石・金、珈玻玀・手持ちは硬く恒常不変な性格を持っています。島も国もそのように盤石で恒常不変であり、その島や国を生命体と考えて命を献上する、という発想がこのおもろにはあります。

その石・金の不変性を表現するおもろもあります。

巻八-四五六

一阿嘉《あか》の子《こ》お祝《ゑ》付《つ》きや／石金《いしかね》の様《や》に／命《ゐのち》　継《つ》ぎよわれ

又饒波《ねは》のお祝《ゑ》付《つ》きや／又伊饒波《いにょは》の　掟《おきて》持《も》ちなる

（阿嘉の子お祝付きはおもろを謡います、饒波のお祝付きはおもろを謡います、伊饒波の役人なる、石や金のような長命を継ぎ給え。）

岩波文庫版『おもろさうし』には「石金の様に」の原注に「長命の事也」とある、と書かれています[1]。石や金のようにあることが長命であり、不変性に通じている、ということがわかります。

また、次のようなおもろもあります。

巻八 - 四六六

一阿嘉《あか》のおゑつきや
饒波《ねは》のおゑつきや
十百年《ともゝと》　ちよわれ
又あし井戸《かわ》の　有《あ》らぎやめ
くも清水《さうず》　有《あ》らぎやめ
又石《いし》ぎや命《のち》てば
石《いし》は　割《わ》れる物
又金《かね》が命《のち》てば
金《かね》は　僻《ひぢや》む物

一阿嘉のおゑつきは（おもろを謡い申し上げる）
饒波のおゑつきは（おもろを謡い申し上げる）
（領主様は）永遠にましませ
又あし井戸のあるまで
くも清水のあるまで
又石の命といえば
石は割れるものだから
又金の命といえば
金はゆがむものだから

このおもろについて島村幸一氏は「命の源である「あし川／汲む清水」の永久なる存続

を願いながら、そこを治める領主の長寿を言祝いでいるオモロ。一般的に石や金は堅いもの、強いもの、永遠なるものをあらわす言葉だが、ここでは石は割れるもの、金は僻む（歪む）ものといってこれを否定して、それよりも永久なる存在だと「あし川／汲む清水」を称えて、さらには、その地の支配者の永遠なる存在を言祝いでいる。一種の強調表現なのだろう。外の巻にもこのような表現がいくつかみられるが、注目すべきことは神女オモロにはこのような表現が見当たらないことである。」と説明しています。[2]

斎場御嶽の聖域，三庫理《サングーイ》（南城市教育委員会）

島村氏はオモロ歌唱者（おもろ歌人、阿嘉のお祝付きなどのこと）のおもろには、同じ内容のいいかえではない対句や遊びのある表現、技巧的な表現が時々見られる、と述べています。四六六は生命の水とは本来比較できない石や金の命を引合いに出し、石や金が必ずしも永遠な存在ではないことを謡っています。このおもろの中で「石は割れる物」、「金は僻む物」とあるのは、実際に石が割れ、鉄製品が歪む現場をおもろの作者が見聞したことを思わせます。さらに、そのような現場のひとつがぐすく造営の場であった可能性も指摘したいと思います。

以上のように石の中には特別な信仰を集める霊石があり、石と金はおもろ世界では永遠を表象するものでした。そのような永遠性、そして不変性をまとったぐすくが前述の石ぐすく・金ぐすくです。

おわりに

ぐすくの石垣を積むための金属工具を手にした名も知られぬ数多くの匠達が琉球石灰岩の岩塊から石垣にふさわしい石を削り出し、成型し、積み上げ、ぐすくが形をなしていく、その大規模な工事を発注したのは、大勢の人間を長期にわたるぐすく造営に動員できる権力を持った男性支配者である、というのがぐすく時代のぐすく造営のあり方です。

そのようなぐすく造営を謡うおもろには、石を割る石斧や金斧、そして石槌や金槌を王や神女が作る、と謡うことがあります。また、王が石垣を積むと首里城が広大に建ち上がる、とおもろが謡うことがあります。そういったおもろは事実を謡っているのではなく、ぐすく造営の始原の時にたち還り、ぐすくを賛美しているのです。そのような呪的歌謡のおもろは、ぐすく造営の神話的イメージを謡っている、ということができます。

そのようなイメージは『中山世鑑《ちゅうざんせかん》』で始原世界の聖域を造っていくアマミクとして琉

球開闢神話に明文化されることになります。おもろ世界には、そのように神話として語られることのない、ぐすく造営のイメージが尚真王や神女に託され、謡われています。そのようなおもろが成立した時代は、まさにぐすく造営の時代であり、沖縄島の拠点となる場所にぐすくが建ち上がっていきました。金属工具によって巧みに成型された石が石垣となって積み上がっていくさまを、人々は神の仕業のように驚嘆することもあったのではないでしょうか。そのような人々の息吹と、ぐすく造営のおもろは繋がっている、と筆者は考えます。

ぐすくを形作っていった男達の傍には彼らの仕事の無事を祈る神女や、ぐすくの造営を祝福するおもろを作り謡うおもろ歌人もいたことでしょう。また、彼らを励ます俗謡を歌い踊る人々もいたことでしょう。

現在、聳《そび》え立つぐすくの石垣もあれば、破損して石が転がっているだけの石垣跡もあります。その目に見える石垣の姿の背後に、「霊力だけが充満する始原世界に、どこからともなく現われた神的な男女が、まず石を成型する工具をつくり、石を削って積み上げ、やがて石垣が形をなしぐすくが築かれた」というおもろを作り謡った人がおり、そのおもろを享受した無数の人々がいたことを知っていただきたいと思います。

巨大なぐすくが築かれるようになった琉球の歴史的画期と『おもろさうし』のおもろは深く結び付いています。また、神話的なイメージを提示するのに適したおもろだからこそ謡い上げられるぐすく造営のヴィジョンは、美しく力強く霊力に満ちています。日本本土で謡われることのなかった豊かな詩的世界がおもろに展開し、今まさに建ち上がるぐすくを賛美していることも知っていただきたいと思います。それが本書を執筆した動機です。

注

1 『おもろさうし　上・下』（外間守善校注、岩波書店）を、おもろ本文を引用する際は主に使っていますが、私に校訂を施した部分もあります。
2 『おもろさうし』と琉球文学』（島村幸一、笠間書院）を参考にしています。
3 『コレクション日本歌人選　おもろさうし』（島村幸一、笠間書院）を参考にしています。
4 『沖縄古語大辞典』（『沖縄古語大辞典』編纂委員会、角川書店）を参考にしています。
5 琉球大学学術リポジトリの「琉球館訳語」http://ir.lib.u-ryukyu.ac.jp:8080/handle/123456789/10309の記述に拠ります。
6 「クラプロートの琉球語研究について」（石崎博志『日本東洋文化論集（六）』琉球大学）を参考にしています。
7 『神と村』（仲松弥秀、梟社）を参考にしています。
8 『琉球王国と倭寇―おもろの語る歴史』（吉成直樹・福寛美、森話社）を参照しています。
9 『琉球列島における死霊祭祀の構造』（酒井卯作、第一書房）を参考にしています。
10 「人骨からみた沖縄の歴史」土肥直美『沖縄県史　第二巻』（沖縄県教育委員会）を参考にしています。

11『陶磁貿易史研究　上』（三上次男、中央公論美術出版）を参考にしています。

12『おもろさうしの言語』（間宮厚司、笠間書院）を参考にしています。

13「尚氏と室町幕府」佐伯弘次（『琉球・尚氏のすべて』喜舎場一隆編、新人物往来社）を参考にしています。

14『南島の神歌』（外間守善、中公文庫）を参考にしています。

15『『おもろさうし』と群雄の世紀—三山時代の王たち』（福寛美、森話社）を参照しています。

16「第一章　いしと暮らす」（大堀皓平『沖縄いしの考古学』沖縄県立埋蔵文化財センター編）を参考にしています。

17「建てる〜裏方として使われた金属製品とそれをめぐる人々〜」（仲村毅『土からあらわれた金属製品』沖縄県立埋蔵文化財センター編）を参考にしています。

18「玉陵修復によせて〈一〉」（真栄平房敬、一九七七年六月三日「沖縄タイムス」朝刊）を参考にしています。

19『沖縄の「かみんちゅ」たち—女性祭司の世界』（高梨一美、岩田書院）を参考にしています。

20『島瓦の考古学』（石井龍太、新典社）を参考にしています。

21『奄美与路島の「住まい」と「空間」』（石原清光、第一書房）を参考にしています。

22 『琉球王国誕生―奄美諸島史から』（吉成直樹・福寛美、森話社）を参照しています。

23 「文献史料からみた古琉球の金工品―武器・武具の分析を中心に」（上里隆史、『東アジアをめぐる金属工芸』久保智康編、勉誠出版）を参考にしています。

あとがき

巨大ぐすくを鳥瞰《ちょうかん》した写真を見ると、ぐすくの石垣が等高線に沿って構築されているのがわかります。設計図を作り、丘や山を削って平らにしてから望みの形の構造物を建てる、という近代的な工法とぐすくの造営は全く異なっています。その理由のひとつはぐすくを築いた人々が文字を持たず数字も持たない、そしておそらく直線や角度という概念も持たなかったからであろうと思います。

奄美群島には、かつて大工（だいく、せーく）の神への信仰がありました。一家の主人が大工道具、具体的には墨壺《すみつぼ》や曲尺《かねじゃく》を特定の日に床の間に祀り、祝いをしていた、といいます。なぜそのような大工道具が信仰の対象になるかというと、大工道具の導入によって人々は直線を引くことができるようになり、材木を真直ぐに切り、木材の端を切り揃え、角度を組み合わせて木造の構造物をつくることができたからだと思います。大工道具がそれまで直線や角度が存在しない世界を革新的に変化させ、木造の構造物のあり方を飛躍的に向上させたからこそ、大工道具は道具でありながら神とも崇められるようになったのだと思います。大工道具が日本本土から移入されたことは見当がつきますが、いつ奄美群島にもたらされたのか、はっきりしたことは何もわかりません。ぐすく時代前期の琉球もかつての奄美群島と同様に直線や角度という概念はなかったのだと思います。

自然物の中に直線のものは何ひとつありません。あらゆる自然物はあるがままの形をしており、それらを削って組み合わせるには大変な苦労がいります。ぐすく時代には金属器が使われるようになり、ぐすくの石垣を積み上げる技術は向上しましたが、石垣を直線や角度で幾何学的に形成する、という日本の城郭のようなあり方をぐすくは取ることはありませんでした。

ぐすくは謎の多い構造物で、本書でも述べたようにぐすくの語源にも定説はありません。また、ぐすくを拠点に活発に交易を行っていたであろう人々は文字資料を残しませんでした。辛うじて残った彼らの遠い歌声、『おもろさうし』のおもろが謡うぐすく造営のおもろについて記したのが本書です。ぐすくに関する他のジャンルのおもろについての考察を進めることは、筆者の次の課題と致します。

なお、本書掲載の写真はすべて筆者が撮影したものです。歴史的建造物である首里城関連の建物・園比屋武御嶽石門、波上宮、玉陵・首里金城町石畳道、久米島宇江城跡・久米島具志川城跡、中城城、斎場御嶽三庫理、そして野外展示の倉の写真の掲載を快諾して下さった、首里城公園管理センター、波上宮、那覇市文化財課、久米島町教育委員会、久米島博物館、中城城跡、南城市教育委員会、海洋博記念公園・沖縄美ら海水族館の各位に感謝を申し上げます。

また、出版をお引き受け下さった新典社の岡元学実社長、丁寧な校正をして下さった田代幸子さんとスタッフの皆様に感謝を申し上げます。

読者の皆様がぐすくとおもろに興味を持って下さることを願い、ここに擱筆します。

一月二十六日

福寛美

福 寛美（ふく ひろみ）
1984年　学習院大学文学部国文学科卒業
1990年　学習院大学大学院博士後期課程単位取得退学
専攻／学位：琉球文学・神話学・民俗学／文学博士
現職：法政大学兼任講師・法政大学沖縄文化研究所国内研究員
主著：
『喜界島・鬼の海域—キカイガシマ考』（2008年, 新典社）
『琉球の恋歌　「恩納なべ」と「よしや思鶴」』（2010年, 新典社）
『うたの神話学—万葉・おもろ・琉歌』（2010年, 森話社）
『夜の海、永劫の海』（2011年, 新典社）
『ユダ神誕生』（2013年, 南方新社）
『『おもろさうし』と群雄の世紀—三山時代の王たち』（2013年, 森話社）

新典社新書 65
ぐすく造営のおもろ
立ち上がる琉球世界

2015年 1 月 30 日　初版発行

著者 ——— 福寛美
発行者 —— 岡元学実
発行所 ——— 株式会社 新典社
〒101-0051　東京都千代田区神田神保町1-44-11
編集部：03-3233-8052　営業部：03-3233-8051
ＦＡＸ：03-3233-8053　振　替：00170-0-26932
http://www.shintensha.co.jp/　E-Mail:info@shintensha.co.jp

印刷所 ——— 恵友印刷 株式会社
製本所 ——— 牧製本印刷 株式会社

ISBN 978-4-7879-6165-5 C0239

定価はカバーに表示してあります。
乱丁・落丁本は、お取り替えいたします。小社営業部宛に着払でお送りください。